中国移动电子商务发展报告

（2011年）

工业和信息化部电信研究院　编

人民邮电出版社
北京

U1075653

图书在版编目（CIP）数据

中国移动电子商务发展报告. 2011年 / 工业和信息化部电信研究院编. -- 北京 : 人民邮电出版社, 2012.5
ISBN 978-7-115-28242-2

Ⅰ. ①中… Ⅱ. ①工… Ⅲ. ①电子商务－研究报告－中国－2011 Ⅳ. ①F724.6

中国版本图书馆CIP数据核字(2012)第091653号

内 容 提 要

本发展报告是在工业和信息化部信息化推进司的指导下，由工业和信息化部电信研究院组织编写的，并得到业界以及相关专家的支持。报告在相关理论和市场研究的基础上，对我国移动电子商务的发展尤其是2011年的情况进行了全方位、综合性的分析，分为理论篇、实践篇，主要内容包括移动电子商务概念和内涵、技术标准、商业模式、市场发展情况，综合发展环境、区域布局以及产业链、发展展望等，旨在为社会各界熟悉和了解当前我国移动电子商务发展，把握未来移动电子商务市场和产业发展提供支撑。

中国移动电子商务发展报告（2011年）

◆ 编　　工业和信息化部电信研究院
责任编辑　梁　凝
◆ 人民邮电出版社出版发行　北京市崇文区夕照寺街14号
邮编　100061　电子邮件　315@ptpress.com.cn
网址　http://www.ptpress.com.cn
北京隆昌伟业印刷有限公司印刷
◆ 开本：880×1230　1/16
印张：9　2012年5月第1版
字数：189千字　2012年5月北京第1次印刷

ISBN 978-7-115-28242-2

定价：128.00元

读者服务热线：(010)67132786　印装质量热线：(010)67129223
反盗版热线：(010)67171154

编 委 会

主 任

曹淑敏 工业和信息化部电信研究院院长

副主任

董宝青 工业和信息化部信息化推进司副司长

张延川 工业和信息化部电信研究院副院长

委 员 余晓辉 胡坚波 杨志刚 曲成义 宁家骏 吕廷杰

梅绍祖 杨志强 万 军 田文科 徐晋耀 霍云福

编写组

左奇伟 闫 丽 杨志刚 吴丽凤 张志强 张丽萍

杨 成 郭 靖 刘衡萍

序

移动电子商务是基于移动通信网络，通过移动智能终端、无线通信模块等无线设备所进行的商务活动。移动电子商务的概念源自传统电子商务，但随着移动互联网、移动智能终端等技术的飞速发展，移动工具越来越紧密地融入到人们的生产生活过程中，移动电子商务的含义已远远超越了传统电子商务的范畴。关于移动电子商务的理解，已不仅限于“M-Commerce”，而是扩展到了“M-Business”的概念，即涉及到经济社会各领域事务的移动信息化。移动电子商务已成为移动信息化应用的主体，是当前信息化应用中最活跃、最有效益、发展最快的一个领域，我们可以大胆地预测，未来将无处不移动电子商务！

我国政府始终高度重视移动电子商务的发展，从2007年6月开始，原国务院信息办开始组织实施“国家移动电子商务试点示范工程”，该工程是国家《电子商务发展“十一五”规划》部署的六项重点引导工程之一。试点示范工程确定了转变经济发展方式、方便百姓生活和带动战略产业发展三大目标，面向生产制造、公共交通、公共事业、消费购物等领域的手机支付和全过程自动交易服务优先开展试点应用，并在湖南省、重庆市、广州市开展了国家级移动电子商务的区域试点工作。工业和信息化部组建后，信息化推进司继续组织和推动该项工程。

经过相关各方共同努力，试点示范工程在平台建设、产品研发、试点应用、用户发展等方面取得了重要突破性进展。中国移动完成了面向全网的三大基础平台建设，包括全网统一的手机支付平台、全国密钥管理中心和SIM卡多应用服务中心等。三个试点省市围绕四类优先试点应用和各具特色的试点应用，分别建立了相应的应用平台，开展的试点示范项目超过90个，发展移动电子商务用户超过6000万户。在公共交通、公共事业缴费、消费购物、一卡通、电子票务、旅游、金融、医疗、教育等领域开展的多项试点应用，为百姓的日常生活带来了诸多便利。结合当地经济社会发展的特点，面向工农业生产、安全生产管理、生产性服务业、中小企业、专业市场等领域开展的多项试点应用，在改变经济活动方式、提高经济效率中初步发挥了作用。国家移动电子商务研发中心在关键技术研发方面取得了一系列重要突破，形成了近 90 份技术标准，申请了 50 多项技术专利。

2011 年是我国“十二五”的开局之年，移动电子商务也进入了快速发展阶段，各项工作稳步推进，社会参与度不断提高。2011 年 12 月，工业和信息化部发布了《电子商务“十二五”发展规划》，再次将移动电子商务发展确立为五年发展规划中重点工作任务的重中之重，提出到 2015 年我国移动电子商务的交易额和用户数将达到全球领先水平。“十二五”时期，国家层面将支持拓展基于新一代移动通信、物联网等新技术的移动电子商务应用。推动移动电子商务应用从生活服务和公共服务领域向工农业生产和生产性服务业领域延伸。加强移动电子商务技术与装备的研发力度，完善移动电子商务技术体系。加快制定和完善移动电子商务相关技术标准和业务规范。我们欣喜地看到，越来越多的地方、行业、政府、企业、学术等等单位积极参与到移动电子商务的推进工作之中来了，工业和信息化部信息化推进司将加大移动电子商务试点示范工作力度，着力营造更好的政策环境，进一步促进移动电子商务应用、服务、技术和产业的创新发展。

我国拥有全球最多的手机用户群体，移动化生存正在成为中国人的习惯。“一机在手行天下”并不遥远。随着第三代移动通信网络覆盖和用户的普及，下一代移动通信技术的发展，以及移动技术与物联网、云计算等新一代信息技术的融合，移动电子商务将迎来更大的发展机遇。同时，我国转变经济发展方式的战略性部署，人民对更加安全、便捷生活方式的期待，也将为移动电子商务的发展创造更大的需求空间。移动电子商务即将进入一个爆发式增长的新时代，我们期待着！

董宝青

工业和信息化部 信息化推进司　副司长

2012 年 5 月 17 日

目 录

理　论　篇

第一章　移动电子商务概念和内涵

1.1　移动电子商务的产生和发展历程

近年来，电子商务和无线通信技术的发展已经给全球的商务活动带来巨大的影响，企业或个人可任意在因特网上从事丰富的商务活动，然而，随着时间的发展和技术的进步，人们不再满足于传统的局限在有限空间里的信息存取方式，而希望将活动的地点延伸到广阔的地理区域。人们也不再满足于固定的信息存取模式，而希望随时随地获取商业信息并进行商务活动。移动通信技术和移动终端的发展使得移动电子商务应运而生。

移动电子商务将因特网、移动通信技术、短距离通信技术及其他信息处理技术完美的结合，使人们可以在任何时间、任何地点进行各种商贸活动，实现随时随地、线上线下的购物与交易、在线电子支付以及各种交易活动、商务活动、金融活动和相关的综合服务活动等。

全球移动电子商务最早出现在 1997 年，芬兰赫尔辛基地区由梅丽塔芬兰银行通过短信完成自动售货机付款，这是第一个基于移动电话的银行服务。当时的芬兰移动通信渗透率很高，同时网上购物、办理银行业务、支付账单等电子商务服务都十分普及。移动通信和电子商务相结合的研发与应用领先，让芬兰成为世界移动电子商务的开拓者。

尽管移动电子商务起源于欧洲，但欧洲的移动运营商对此没有太多重视与关注。相反，在日本和韩国，移动电子商务发展最为迅速。截至 2009 年 8 月，NTT DoCoMo 的移动用户中 65% 为移动支付客户。在韩国，70% 的电子支付（即超过 10 亿美元的交易额）都是由手机支付完成。国外移动电子商务的应用目前以基于手机的移动支付为主，主要包括手机购物、手机银行、手机钱包、票务和交通等。

我国的移动电子商务起源于 2000 年中国移动推出的 STK 手机银行。随后三大基础电信运营商和主要金融机构均开展了手机银行、手机钱包、手机购票、手机乘公交等业务。2007 年国家发展改革委与原国务院信息办联合发布《电子商务发展“十一五”规划》。移动电子商务试点工程作为六大重点引导工程之一。2007 年 6 月开始，原国务院信息办开始组织实施移动电子商务试点示范工程，确定了转变经济发展方式、方便百姓生活和带动战略产业发展三大目标，并批准在湖南省、重庆市、广州市开展移动电子商务的试点工作，由政府推动掀起了中国移动电子商务发展的大幕。

国外移动电子商务是以企业行为为主、政府积极配合；国内是政府高度重视、主动推进，产业链积极响应、联动发展，政府和企业形成良性互动。国外移动电子商务分散发展、缺乏体系；国内移动电子商务统一规划、有序推进，公共、民生领域突破，经济、社会效益初显。

国外移动电子商务以客户为导向、以业务为中心，主要服务个人消费；而我国移动电子商务则站在国家的高度，以行业信息化推动产业转型，广泛应用于工农业生产服务、生产性服务、生活服务和公共服务领域，并确定了以移动电子商务促进国家经济发展转变的大政方针。从这个意义讲，我国移动电子商务，无论对概念内涵的阐释，还是具体应用，已经走在了世界的前列。

1.2 移动电子商务的概念

目前将移动电子商务的概念一般定义于“基于移动通信网络，通过移动智能终端、无线通信模块等无线设备所进行的商务活动”。但业界对商务活动的范围理解存在差异。从当前的情况来看，它不仅是“M-Commerce”，而是“M-Business”的概念，内涵已扩展至整个事务处理的各个环节。不再局限于手机应用本身，而是与商务活动相关联的各个社会经济活动环节相关。

按照移动电子商务的面向对象可分为 B2C（Business to Consumer）、B2B（Business to Business）、C2C（Consumer to Consumer）、G2C（Government to Consumer）、G2B（Government to Business）、M2M（Machine to Machine）等多种形式。从目前的移动电子商务应用来看，B2C 业务与 B2B 业务仍占据着主导地位，然而从移动电子商务的发展未来分析，M2M 业务与 C2C 业务在未来的市场上将占有一席之地。

1.3 移动电子商务的内涵

移动电子商务内涵是一个动态发展的过程，其理解可以从终端类型、技术实现方式、商务活动内容三个层面着手。

1. 不断丰富的终端种类

移动电子商务终端包括手机、个人数字助理、掌上电脑等移动终端以及无线通信模块（支持无线刷卡的 POS 机、M2M 通信模块等）等。

2. 多种技术实现方式

移动电子商务综合利用多种技术，包括无线技术（包括 3G 等蜂窝技术、无线局域网技术、无线传感网技术等），近距离无线通信（NFC、RFID 等）、二维码、多信息采集等。

3. 商务活动的内容

商务活动内容不再局限于移动手机应用本身，扩展到与商务活动相关联的各个社会经济活动环节，与实体经济、生产服务结合更加紧密。

移动电子商务是传统电子商务的延伸和扩展，传统电子商务通常仅应用在交易环节，移动电子商务向商务活动的各个环节扩展。例如，传统电子商务关注商品的买入卖出，关注销售环节，而移动电子商务则同时关注与商品销售活动相关的商品原材料采购、生产制造、市场营销和客户服务等所有环节。因此，移动电子商务对于降低企业运作成本、提高运营效率，促进传统产业升级改造具有更重要的意义。

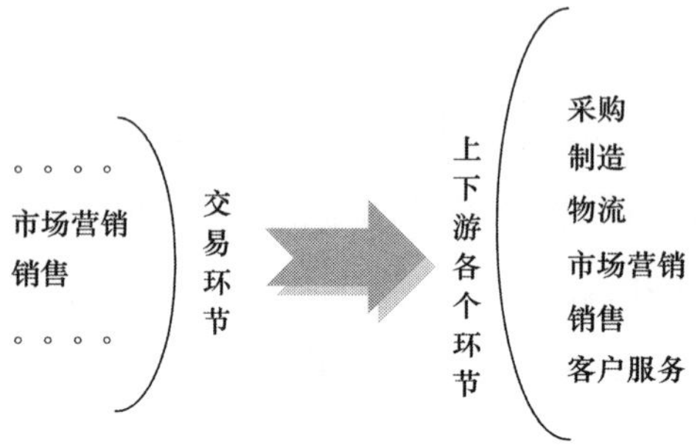

图 1.1　移动电子商务活动内容扩展示意图

移动电子商务是移动信息化和移动互联网催生的创新业务和能力，因为移动电子商务与实体经济结合更加紧密，移动电子商务成为移动信息化应用的主体，是当前信息化应用中最活跃、最有效益的部分，移动互联网的发展和应用的丰富促进了移动电子商务向更高水平发展。

移动电子商务源自传统电子商务，但不是简单的“电子商务移动化”，不是传统电子商务的分支，移动通信的特性赋予了它更广阔的应用空间。巨大的移动用户规模、新型的终端载体、无处不在的网络和安全个性化的服务等是对传统电子商务的丰富和创新；突破传统电子商务应用在交易环节，向事务处理的各个环节扩展，是对传统电子商务的延伸和扩展。

作为移动电子商务的重要分支，移动支付近两年发展迅速。按照支付金额分类，可以分为微支付、小额支付和大额支付等。各国标准不尽相同，微支付金额低于 2 欧元，小额支付金额低于介于 2～25 欧元之间，大额支付金额在 25 欧元以上。目前国内移动运营商提供小额支付，手机钱包账户余额限额最大不超过 1000 元。

移动支付的两种类型远程支付和近场支付都开始发展。远程支付指用户通过手机登录银行网页（或是手机下载客户端软件）进行支付、账户操作等；近场支付则是手机通过射频、红外等无线技术，实现与自动售货机、POS 机等终端设备之间的本地通信。远程支付目前增长迅速，竞争也相对激烈；但现场支付由于技术标准和规范的不统一，还没有在国内大规模普及。

表 1.1　　远程支付和近场支付的比较

分　类	实现方式	优　势	劣　势
远程支付： 所谓远程支付，就是将非面对面的网上银行和网上购物搬到手机上，可以不受时空限制完成银行转账，还款等服务，以及实现购物、缴费等功能	短信	业务实现简单、短信应用广泛	安全性差、操作繁琐、交互性差、响应时间不确定
	WAP、WEB（移动互联）	面向连接的浏览器方式、交互性强、应用越来越广泛	响应速度较慢、安全性相对较低
	客户端（移动互联）	可移植性强、网络资源消耗与服务器负载较低、界面友好、保密性高	需要终端支持、需为不同终端编译不同的版本支持
近场支付： 指手机利用 RFID 射频技术，和自动售货机、POS 终端、汽车停放收费表等终端设备之间的本地化通信，通过手机完成面对面的现场交易	NFC/RF-SM	安全性高、速度快、存储量大、互动性强	成本高、基础设施投入大、需要终端支持

1.4　移动电子商务的特点

移动电子商务具有随时、随地、随身、随心的显著特点。

（1）真正做到随时、随地、随身服务。移动电子商务不受时间、距离和地域的限制，通过无线技术在任何地方，直接为用户提供电子商务服务。用户真正做到随时、随地地获取所需服务、应用、信息和娱乐。他们可以在自己方便的时候，使用移动电话或 PDA 查找、选择及购买商品和服务。

（2）多样的个性化服务。由于移动电子商务本身固有的特点，移动电子商务非常适合大众化的应用。移动电子商务具有灵活、简单、方便的特点。移动电子商务不仅能提供在互联网上直接购物，还是一种全新的销售与促销渠道。它完全支持移动互联网业务，可实现电信、信息、媒体和娱乐服务的电子支付。移动电子商务不同于目前的销售方式，它能完全根据消费者的个性化需求和喜好订制，用户随时随地使用这些服务。设备的选择以及提供服务与信息的方式完全由用户自己控制。

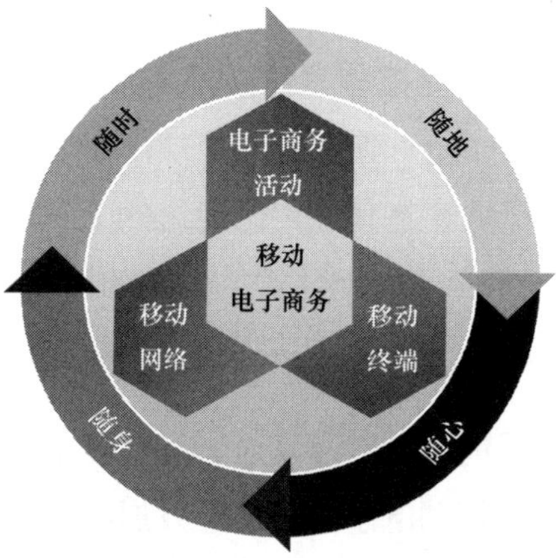

图 1.2　移动电子商务特点

（3）更多的商机。互联网与移动技术的结合为服务提供商创造了很多新的商机，使其能够提供更多种类的服务项目，并且能够根据客户的位置和个性提供服务，从而建立与客户的关系，使企业的盈利空间大大增加。

第二章　移动电子商务总体架构

在国家的积极推动下，经过近几年的快速发展，移动电子商务整个体系建设取得积极进展，但仍处于研究探索和完善之中。目前，移动电子商务总体架构可以初步分成四个层次和四个支撑体系。

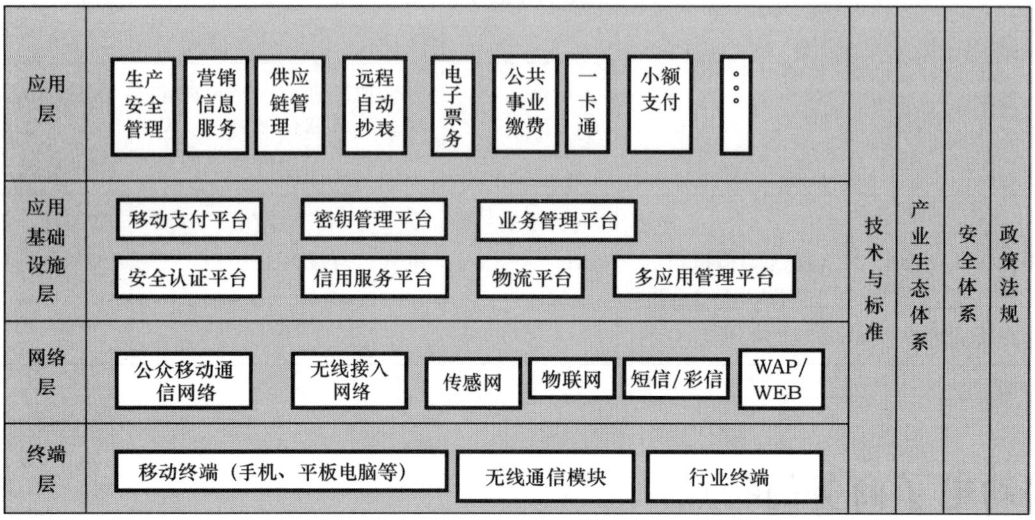

图 2.1　移动电子商务总体架构

四个层次为终端层、网络层、应用基础设施层、应用层。终端层主要包括手机、平板电脑等移动终端，M2M 无线通信模块以及行业定制终端等。网络层由无线网络以及一些实现基本业务功能的网络模块组成，无线网络包括公众移动通信网络、无线接入网络、传感网、物联网等，网络模块包括短信 / 彩信、WAP/WEB 等。应用基础设施层由提供基本功能的公共平台组成，包括移动支付平台、多应用管理平台、密钥管理平台、安全认证平台、信用服务平台以及物流平台等。应用层实现各种丰富的应用，由各种具体的应用平台组成，如电子票务平台、一卡通平台、供应链管理平台组成，有时多个具体应用平台会集成在一起，形成综合的应用平台。

四个支撑体系包括技术与标准体系、产业生态体系、安全体系以及政策法规体系等，这四个体系贯穿于上面所述的四个层次中。移动电子商务技术与标准体系中目前主要关注近场支付的技术和标准。产业生态体系由产业链的上下游环节组成，主要分成制造链条和服务链条。由于移动电子商务的应用特点，安全问题将日益突出，安全体系的建设将是未来促进移动电子商务健康发展的重要保障。同时，相应的政策法规也需要积极跟进和完善。

目前，针对移动电子商务的主要热点研究领域有：移动支付标准统一问题、移动电子商务的安全问题和移动电子商务产业发展问题等。业界众多专家从理论和技术层面对这些热点问题进行了深入研究分析。

第三章　移动电子商务关键技术和标准规范

3.1　移动电子商务技术框架和标准体系

3.1.1　移动支付技术框架

当前移动电子商务关键技术主要集中在移动支付领域，移动支付涉及的关键技术包括非接触射频技术、手机终端和卡技术、多应用管理技术和安全技术等。移动支付技术架构及关键技术如图3.1所示。

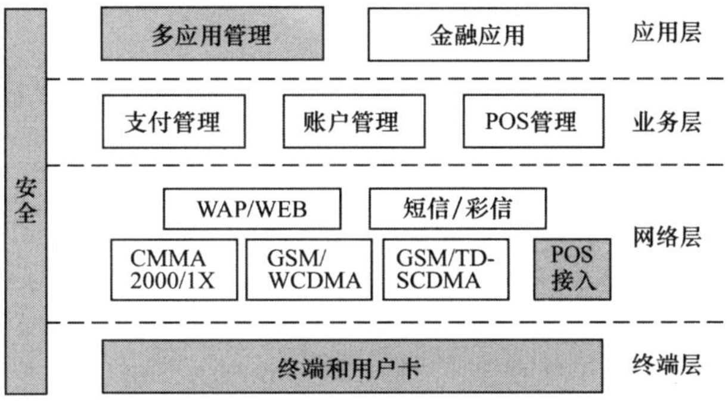

图 3.1　移动支付技术架构和关键技术

非接触射频技术有13.56MHz、2.45GHz的非接触射频技术，手机终端和卡的技术有NFC技术（包括NFC SWP技术、NFC全终端技术、NFC SD卡技术）、双界面卡技术和RFSIM全卡技术等，多应用管理技术有国际标准GP技术、中国移动CMSAC技术和银联N3技术等，安全技术包括手机终端和智能卡安全、网络安全、业务应用安全和用户数据安全等。

3.1.2　移动电子商务标准体系

移动电子商务标准体系由总体技术框架、终端、平台、应用以及安全、认证等多方面的标准和技术规范组成，如表3.1所示。

表 3.1　移动电子商务标准体系

分　类	内 容 范 畴
总体类	对移动电子商务业务提出总体性的技术框架，如《总体技术要求》
终端类	对移动电子商务业务中涉及的各种类型终端以及接口协议进行标准化，如芯片、手机终端、各种识读器（如：消费POS终端）、SIM卡、M2M终端机卡接口协议等
平台设备类	对移动电子商务系统中涉及的设备、接口和流程等进行标准化
应用类	对各种具体的移动电子商务业务特性、流程进行标准化
其他类	不包含在以上四类标准中其他需要标准化的内容。如安全认证及信用标准等

总体技术框架标准对移动电子商务业务提出总体的技术框架；终端类标准和技术规范对移动电子商务业务中涉及的各种类型终端以及接口协议进行标准化，包括芯片、SIM 卡、手机终端、POS 机具和机卡接口协议等；平台设备类标准对移动电子商务系统中涉及的平台设备、接口和流程进行标准化，如多应用管理平台等；应用类标准对各种具体的移动电子商务业务特性、流程进行标准化，例如企业一卡通业务规范等。其他类标准包括安全认证以及信用等方面的标准，如手机终端安全、智能卡安全等的技术规范。

移动电子商务作为一个新兴的产业，正处于发展的起步阶段，各运营企业及产业链相关企业均制定了相关企业标准，但各种技术、格式和过程都缺乏统一的行业标准或国家标准，这在一定程度上给移动电子商务的发展带来了困难。尽快制定移动电子商务的相关标准，在技术、运行和信息传递等方面进行统一，将大大促进移动电子商务的发展。

目前移动电子商务的关键技术和标准的焦点集中在移动支付，各企业的标准之争实质是行业利益之争。2010 年末中国人民银行、工业和信息化部和国家标准化委员会成立联合工作组，共同研究制定标准，国家标准的起草制订正在进行中。

专家观点——专栏 1：移动支付与标准

目前中国通信标准化协会开展了移动支付标准制定的相关工作，已经完成“基于近距离无线通信技术的移动终端电子支付技术要求”技术报告、“基于近距离无线通信技术的移动电子支付业务技术要求和测试方法”技术报告。同时正在开展移动支付终端、智能卡等相关设备的标准制定工作。

2010 年 5 月 4 日，中国人民银行颁布了《中国金融集成电路（IC）卡规范》(2010 年版)，简称 PBOC 2.0，涉及非接触移动支付的标准有：

- 第 11 部分：非接触式 IC 卡通信规范，规定了非接触式通信所使用的符号编码技术、数据帧格式等详细内容；

- 第 12 部分：非接触式 IC 卡支付规范，描述了非接触式 IC 卡应用，在磁条非接触式支付应用和快速借记 / 贷记非接触式支付应用方面作出了相关要求和规定。

移动支付标准化存在的问题有：

（1）行业各自为阵，影响移动支付标准的兼容性和统一性

目前移动支付存在各自的行业利益之争，各行业从各自角度研究和开展移动支付的标准化工作，各行业沟通协作困难，势必影响移动支付标准的兼容性和统一性。移动支付中的手机终端、卡片规范是与电信行业的电信业务息息相关的，势必影响电信业务的运营。

（2）标准不统一、规模上不去，影响移动支付产业链做大、做强

目前移动支付技术实现方案不统一，没有形成统一移动支付技术标准。由于标准不统一，芯片、卡、手机终端供应商较少，POS 机成本较高，卡片、手机终端成本较高，各项设备成本难以降低，企业负担较大，直接增加了移动支付业务的推进成本，对业务的推广形成了一定的障碍，使得移动支付行业难以达到一定的市场规模。

标准不统一、规模上不去，直接影响移动支付产业链的发展，不利于移动支付产业链形成合力和优势，不利于移动支付产业链做大、做强。

针对日益增长的移动支付庞大的市场需求，制定统一的移动支付标准刻不容缓。移动支付标准化一方面在现阶段可以促进移动支付业务设备成本的下降，引导我国移动支付产业健康有序发展和公平竞争；另一方面可以为将来各企业间的资源共建共享创造条件。

我国应加快移动支付的标准化工作。在无线射频、手机终端、智能卡和 POS 机方面，制订出可执行、规范化的移动支付标准，迅速推动移动支付标准工作的进程，以满足移动支付市场和应用的需求。

（工业和信息化部电信研究院通信标准研究所　袁琦）

3.2 移动支付关键技术

3.2.1 非接触射频技术

13.56MHz NFC 非接触射频技术主要遵循的标准是 ISO/IEC14443。支持卡模拟、阅读器、点对点三种模式。卡模拟模式的应用如银行卡、积分卡、各类储值卡、身份识别、门禁、行业卡等；阅读器模式的应用如读取标签广告、防伪等；点对点通信模式提供两个 NFC 设备之间数据传输、游戏等服务。

13.56MHz 双界面卡非接触射频技术兼容 ISO/IEC14443，仅支持卡模拟模式，不支持阅读器模式、点对点模式。

2.45GHz RF-（U）SIM 非接触射频技术是我国自主知识产权技术，技术方案不统一，尚未标准化，各自存在专利控制。仅支持卡模拟模式，为直通、国民技术的私有协议。不支持阅读器模式、点对点模式。

3.2.2 终端技术方案

3.2.2.1 基于 13.56M 的 NFC 技术方案

基于 13.56M 的 NFC 技术方案分为 NFC SWP 方案和 NFC 全终端方案。NFC SWP 方案将 NFC

芯片和天线置于手机终端中，手机支付应用置于（U)SIM 卡中，卡和 NFC 芯片之间通过 SWP 协议（也称为单线通信协议）完成数据交换。安全模块置于 U(SIM）卡中，用于存放用户的安全信息和相关应用数据，例如银行卡应用、公交卡应用等，有利于运营商控制用户和业务应用。(U)SIM 卡安全模块通过 IF1 接口：SWP 和 HCI 协议，完成与 NFC 芯片(CLF)之间的通信。具备断电工作支持能力，当手机终端关机、电池电量耗尽和没有装入电池时，NFC 芯片（CLF）从外部读卡器的电磁场获取能量并给相应的（U)SIM 卡供电，提供卡模拟功能。特点：NFC SWP 方案为 GSMA、ETSI、3GPP 推荐方式，应用控制置于卡中，与（U)SIM 结合，运营商对业务和用户的控制程度高；接口标准化程度高。

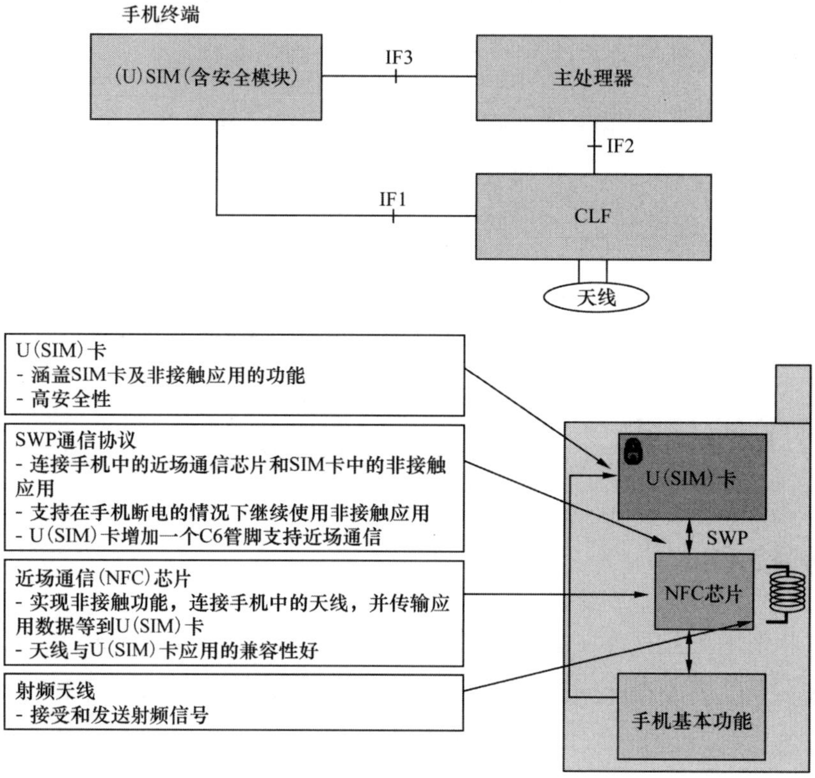

图 3.2 NFC 全终端方案

NFC 全终端方案需要对手机进行改造，在手机上增加用于近距离通信的近场通信芯片和天线。由于应用和安全数据置于终端中，运营商对业务和用户的控制程度较低。安全模块置于手机终端中，用于存放用户的安全信息和相关应用，例如银行卡应用、公交卡应用等，不利于运营商控制用户和业务应用。NFC 芯片（CLF）和安全模块 IF1 接口是内部接口，不作规定。与 NFC SWP 方案一样，具备断电工作支持能力。

NFC 全终端方案的特点：应用控制置于终端中，与（U)SIM 卡结合不紧密，需要采取后绑定的方式与用户手机号关联，运营商对业务和用户的控制程度较低；与安全模块的接口基本由厂家各自定义。

基于 13.56M 的 NFC 技术方案使用我国国内金融银行业明确的非接触式卡片的标准频段，最大优势就是在技术上比较成熟，在国际和国内的支付应用上多是采用了这种方式。该技术标准化程度较高，安全性较高，用户在手机断电时仍然可以使用业务，POS 机布设成本低。缺点是对手机要求很高，需要用户更换手机。

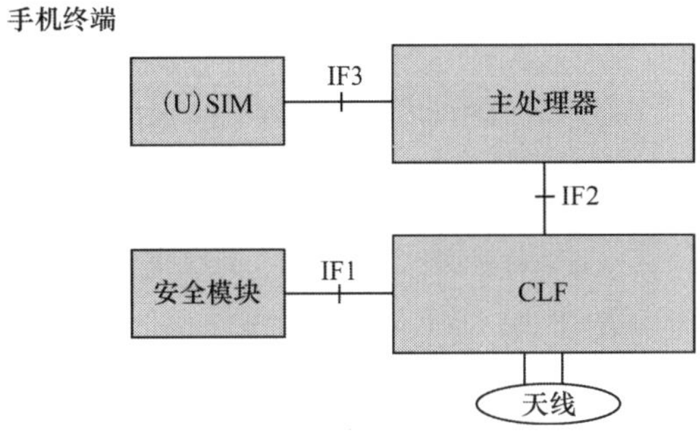

图 3.3　NFC 全终端方案接口示意图

13.56MHz 的 NFC 技术存在着国外专利的问题。SWP 协议标准是 Gemalto 公司（雅斯拓）的技术专利 .SWP 相关的专利主要集中在 NFC 芯片方面，芯片厂家或终端厂家可能会受影响，卡商、运营商主要对 SWP 协议进行实现和使用，影响较小。一般情况下 Gemalto 公司会向 NFC 芯片厂商收取专利费用，会提高相应的 NFC 芯片成本。

3.2.2.2　基于 13.56M 的双界面卡技术方案

基于 13.56M 的双界面卡技术方案集接触式与非接触式接口为一体，卡内部只有一个芯片，但有两个接口：即接触式的金属接触接口和非接触射频接口。两个接口分别遵循两个不同的标准，接触接口符合 ISO/IEC 7816 通信标准；非接触接口遵循 13.56MHz 的频段，符合 ISO/IEC 14443 协议。目前 SIM 卡的 C4 和 C8 未使用，用于双界面卡的非接触功能使用。（U）SIM 内置射频模块，与天线匹配。低电或断电时不能使用。

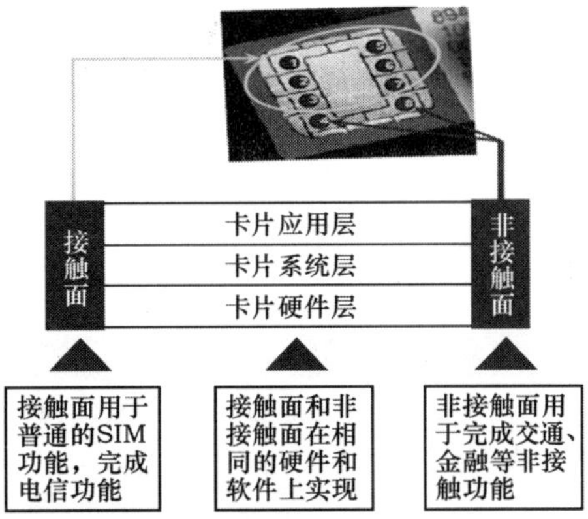

图 3.4　双界面卡技术方案

有两种实现方案，天线集成方案和定制手机方案。天线集成方案将天线组件直接连接在（U）SIM 卡上，用户不需要更换手机。SIM 卡自带天线，天线与 SIM 卡绑定销售。天线和终端之间是厂家私有协议，天线存在与终端适配的问题，金属手机目前无法使用。定制手机方案在手机后盖加装 SIM 卡天线。改造手机主板并将 SIM 卡座的 C4，C8 连接到天线。是非标准的实现方式，需对手机进行改造。

基于 13.56M 的双界面卡方案有利于运营商快速推出业务，但存在的致命缺陷就是这种技术稳定性差，并发使用时存在相互影响的现象，并且握奇公司拥有天线方案的连接专利，因此国内运营商将这种方案定位于移动支付业务的过渡方案。

3.2.2.3 基于 2.45G 的 RFID-（U）SIM 技术方案

基于 2.45G 的 RFID-(U)SIM 技术方案是我国具有自主产权的创新技术，将 RF 无线射频集成电路、天线置于卡中，实现非接触式手机支付应用。和普通的 SIM/UIM 相比，RFID-(U)SIM 卡增加了无线射频集成电路、安全芯片、天线模块。直通电讯拥有基础核心专利，即在 SIM 卡中集成无线射频模块，目前已经授权移动的两家供应商国民技术和北京泛在并收取专利费，中国移动与国民技术和北京泛在均签署独家合作协议。

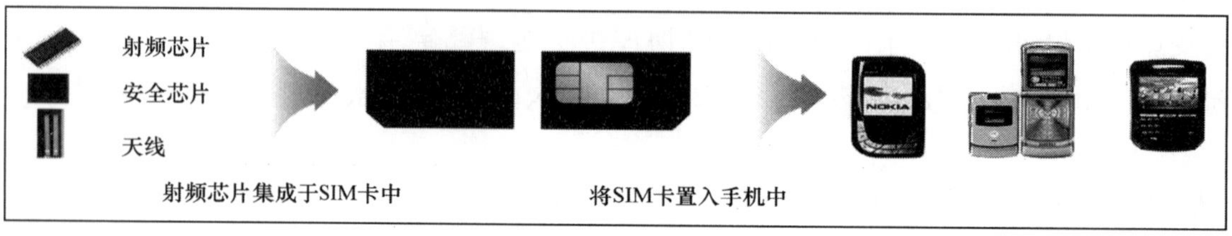

图 3.5 RFID-SIM 技术方案

基于 2.45G 的 RFID-(U)SIM 技术方案优势在于用户不用更换终端，只需更换 SIM/UIM 卡，即可开通并使用移动支付业务。缺点是不兼容金融、公交等行业标准，需要进行射频支付终端硬件改造，投入成本较大。各厂商的协议和接口互不兼容，应用部署中需要同时采用同一家厂商的读写器和卡片，存在一定的推广和管理成本。对于现场非接触应用，RFID-(U)SIM 方案存在距离控制的技术难点和安全问题。按照 ISO14443 等国际通用标准中规定卡与读写器之间的读写距离最多不得超过 10cm，必须由卡片本身可控，目前 2.4GHz 频段和 RFID-SIM 技术无法双向保证安全性，采取的距离控制方案均由 POS 端控制。

三种技术在实现功能、读写独立、安全控制等方面对比如下。

		NFC技术		双界面卡技术		RFID-(U)SIM卡技术
		SWP方案	全手机方案	天线集成方案	定制手机方案	2.45GHz全卡方案
交互频率		13.56MHz	13.56MHz	13.56MHz	13.56MHz	2.45MHz
机卡功能划分	(U)SIM	应用、安全数据	/	应用、安全数据 RF模块 天线	应用、安全数据 RF模块	应用、安全数据 RF模块(2.45GHz) 天线
	终端	RF模块 天线	应用、安全数据 RF模块 天线	/	天线	/
实现功能		卡模拟 读写器 点对点	卡模拟 读写器 点对点	卡模拟	卡模拟	卡模拟 读写器(2.45GHz) 点对点(2.45GHz)
读写距离		<4cm	<4cm	<2cm不稳定	<4cm	4cm～10cm
安全控制		卡片(手机)和POS双向	卡片(手机)和POS双向	卡片和POS双向	卡片(手机)和POS双向	基本依赖POS
功耗影响		不明显	不明显	不明显	不明显	10%
终端适配		无	无	<80%	无	80%～90%
主要问题		终端定制	终端定制、运营商被旁路	距离、终端适配率、用户友好性	终端定制	距离控制、产业链、终端适配率

图 3.6 三种主要技术方案对比

3.2.2.4 智能 SD 卡技术方案

智能 SD 卡是在传统的 SD 卡内部嵌入金融级的安全芯片（SE）之后形成的新型金融智能 SD 卡。它在不改变手机本身硬件设计的前提下，使得市场上多数的手机只要具有 SD 卡插槽就具备手机支付的功能。如图 3.7 所示，FLASHROM 具备通用的存储功能，SE 作为安全信息的载体，内含手机支付应用，可以保证交易信息的安全。

智能 SD 卡重新定义了 SD 卡硬件接口的两个出点（图中灰色的触点）用于连接外接天线，外接天线可以是手机经过改造后内置，也可以是内藏的印刷软质薄型天线。

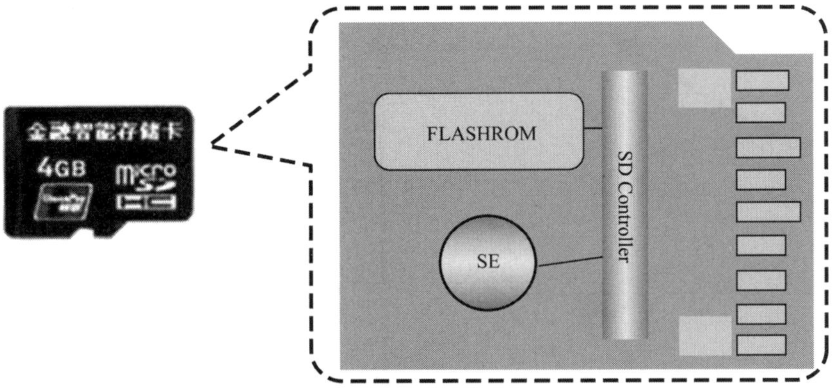

图 3.7　智能 SD 卡方案

目前银联主要采用这种方式，主要支持远程支付，近场正在研发。银联现场支付未来主要发展智能 SD 卡加 NFC 手机。智能 SD 卡方案不需要改变 SIM 卡，受运营商的影响较小。

3.2.3 多应用管理技术

多应用管理技术解决多应用并存，实现灵活配置与管理的多方合作信任体系架构。它的前提条件智能卡或安全模块要求支持多应用安装。

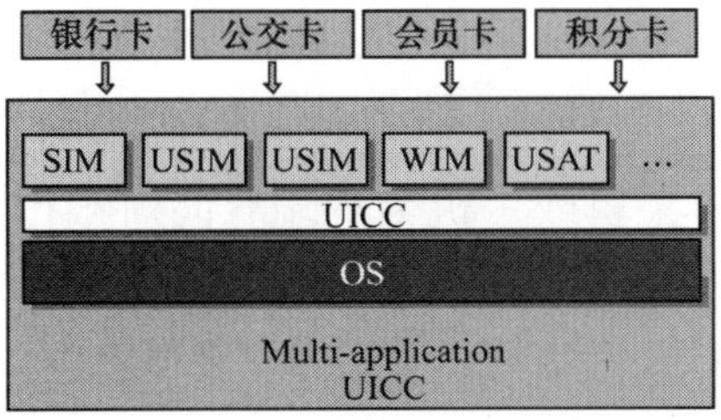

图 3.8　多应用管理技术框架

GlobalPlatform 是一个行业组织，包括威士国际、万事达国际和日本的 JCB Co., Ltd. 等 45 个成员，制定了国际标准 GP 的多应用管理框架技术。在 SIM/UIM 卡或全终端的安全模块上被分隔为若干个独立的安全域，以保证多个应用相互之间的隔离以及独立性，各个应用提供商管理各自的安全域以及应用、应用数据等。卡片发行方掌握主控密钥，提供安全的发卡渠道，为用户提供空中发卡功能。与用户及业务提供方签约，使得运营者对安全模块及应用的生命周期进行管理。GP 规范关于很多业务细节未进行定义。中国移动 CMSAC 技术基于 GP 框架进行了修改。中国联通、中国电信采用 GP 框架，对一些业务细节进行了定义和补充。中国银联多应用管理采用 N3 技术，为私有协议。

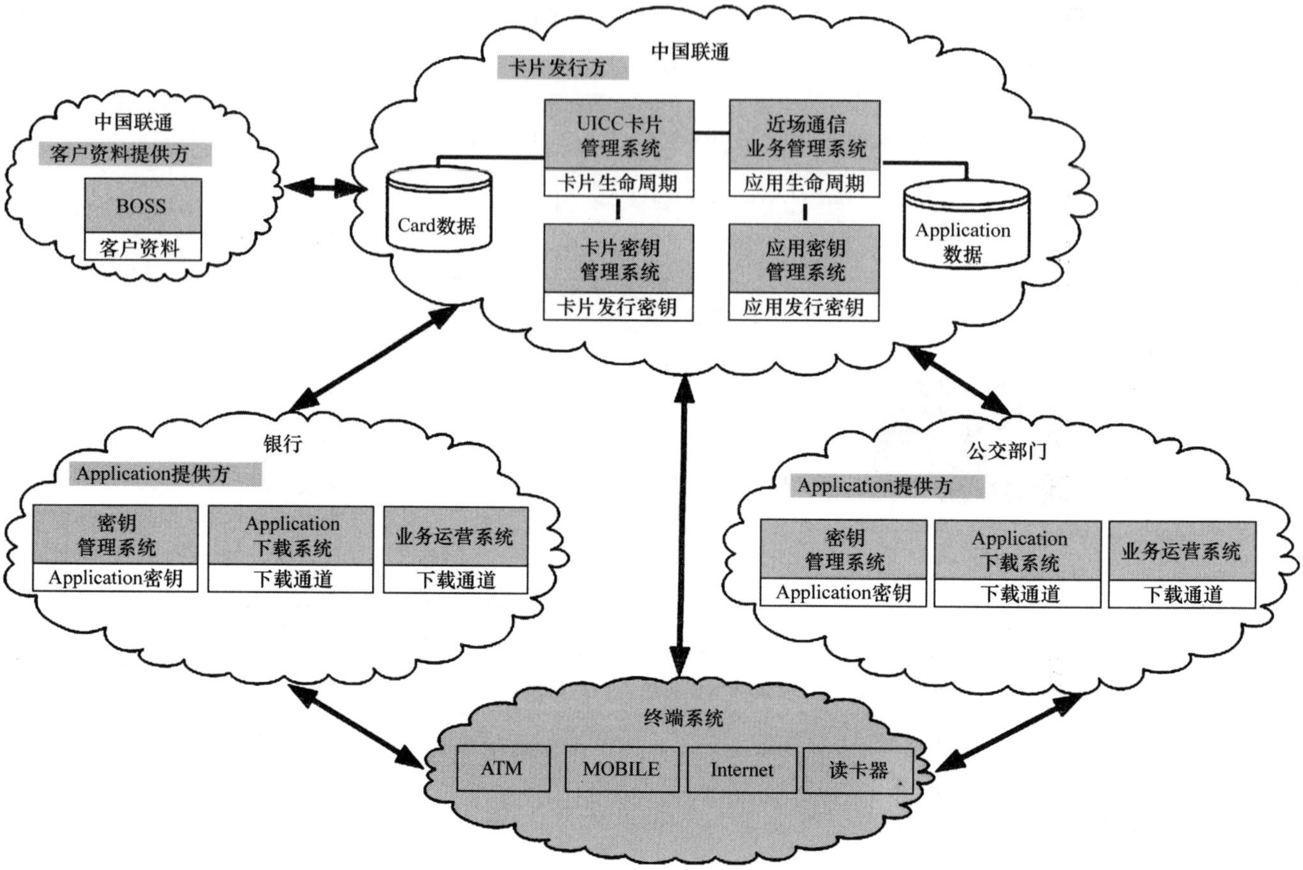

图 3.9　中国联通多应用管理框架

3.2.4　移动支付安全技术方案

现有的移动电子支付模式主要有短信方式、语音方式、STK 菜单方式、手机客户端方式、USSD 方式、WAP 方式、红外线方式、蓝牙方式和 RFID 方式等。手机银行是这几年移动电子商务开展起来的典型业务，手机银行业务系统是由手机、移动通信网络和银行系统构成。在手机银行业务的操作过程中，用户通过 SIM 卡上的 STK 菜单或手机客户端界面对银行卡发出交易需求时，SIM 卡或手机客户端根据用户指令生成规定格式的短信，由手机向移动通信网络发出短信或 WAP 连接，移动网络服务器收到短信或 WAP 信息后，按相应的地址传给相应的银行系统，银行分析短信指令并根据用户的请求进行处理，把结果转换成短信等数据格式，通过移动网络服务器将信息发给用户。

手机银行已经得到了较多应用，国内外各大商业银行纷纷推出手机银行服务，基本实现了银行的各类基础业务。用户可以通过手机银行查询账户、转账 / 汇款资金、信用卡还款、缴纳电话费和手机话费、网上消费实时支付等。

在移动网络环境下实施高安全要求的银行业务是非常复杂和敏感的，在信息保密性方面，手机银行的信息传输、处理采用国际认可的加密传输方式，实现移动运营商与银行之间的数据安全传输和处理，防止数据被窃取或破坏。同时，目前为了保证手机银行的账户安全，银行一般对每日交易额设置了严格的上限，同时将客户指定手机号码与银行账户绑定，并设置专用支付密码，这样即使用户的手机不慎丢失，也不会带来账户上的危险。国内主要手机银行业务安全措施如表 3.2 所示。

表 3.2　　国内主要手机银行业务安全措施

银行	手机银行业务	主要安全措施
中国工商银行	账户管理、转账汇款、投资理财（基金、证券、黄金、外汇）、缴费业务、信息查询等金融服务	WAP 方式：资金转出功能必须要客户本人到柜台去办理签订协议；采取静态密码、电子银行口令卡 短信方式：信息加密传输方式，对外转账的金额有严格限制
中国建设银行	通过 WAP 或短信实现：账户查询；转账；黄金投资、手机股市和手机银行存管；缴纳手机费、市话费、水电煤气费、学费、交通罚款、车船税和保险费等多种费用	客户身份信息与手机号码绑定；封闭的通信网络防黑客木马攻击；采用端对端的加密数据传送方式；对交易数据进行摘要处理，产生交易数据的校验信息；登录系统时需要输入登录密码；签约机制；限额控制
招商银行	推出 WAP2.0 新版手机银行业务，除了手机银行基本功能，还可使用证券买卖、基金买卖、国债买卖的投资理财功能，自助缴费、神州行充值	网银密码、账户密码双重保护；图形验证码机制，防止程序自动试探密码；密码错误次数过多自动锁定账户；账户号码保护机制
中国民生银行	与中国移动联合推出“手机钱包”，把客户的手机号码与民生卡账号进行绑定，实现账户查询、定活转账、外币兑换、外汇买卖、缴纳手机话费、神州行充值、彩票投注、订购报刊 / 杂志、购买保险、慈善捐款等	用户登录密码验证
光大银行	与移动运营商共同推出，除了信用卡、转账汇款、基金业务、第三方存管、账户查询和账户管理等，还将陆续开通阳光理财、电子支付和代缴费等功能	采用多重加密技术，所有数据均为加密传输；要求客户身份信息与手机号码建立唯一绑定关系，并通过密码管理和限额管理确保资金安全
渣打银行	通过短信，同一客户可在渣打银行不同账户间转账，不同客户可在渣打银行账户间转账，可查询账户余额和交易明细等	对于本人名下的账户间转账，无论任何币种，每笔金额不能超过 1000 元

国内手机银行业务虽然在多家银行和运营商都已开展，但在深度上还远远不够，目前主要还是各商家围绕着自身的需要进行服务的支付市场开发，涉及到跨行业的支付相对落后，用户便捷的使用感受相对较弱。从用户的支付方式来看，移动电子商务可以分为远程移动支付和近场移动支付。

对远程移动支付安全保障的技术要求主要包括：

（1）用户资料存储安全。

（2）保证双方的身份认证，确认信息来源的可靠。

（3）确保信息的保密性，传输的信息是加密的。

（4）确保数据的完整性，确认数据没有被篡改。

（5）移动终端本身的安全性保障。

（6）确保远程通信网络没有入侵以及数据包中没有隐藏病毒。

（7）拒绝服务的安全控制。

近场移动支付过程中，以上对于远程移动支付的安全要求依然存在，同时具有以下技术要求。

（1）由于一次近场移动支付交易要经过智能卡、手机终端、非接触芯片、非接触机具、POS 管理平台、交易业务平台等，交易链从简单向复杂转变。因此，移动电子商务的普及导致分工更加细致，从而需要处理更复杂的信任关系来保障交易安全，建立交易各个关联方的信任体系。

（2）交易模式从单一向多样化发展，多种类型的交易需要从各个方面建立统一的安全机制和统一信任模式。

（3）需要保证在终端丢失和更换后的安全。用户的金钱和交易信息很可能都在 SIM 卡或手机终端中，而手机终端的移动性使其很容易被破坏或丢失，势必造成安全威胁。

（4）近场支付产业链的复杂化，行业合作的紧密化，不可避免的需要完整、客观、公正的安全认证和测评体系。

（5）移动电子商务系统的安全保障体系正在逐步走向复杂化、多样化，运营商需要为不同类别的移动电子商务业务提供不同的安全和保密服务等级。

专家观点——专栏 2：移动电子商务安全

随着移动技术的高速发展，移动电子商务已经渗透到社会的每一个角落，相应的安全问题也引起人们的高度重视。在移动电子商务应用中，用户对安全的疑虑难以消除，不仅是密码控制，整个支付流程的各个环节都需要可靠、安全的技术保障。由于账户密码的确认信息是通过无线传输的，人们普遍都会有不同程度的安全担忧。根据市场调研，近四成的消费者认为安全是移动电子商务最关注的问题。为了保障移动电子商务能健康、蓬勃地发展，必须建立全面的移动电子商务安全方案及安全体系。

首先，需要设计移动电子商务安全体系应遵循的原则，保证业务和安全各项机制设计的完整一致。完整性是安全体系遵循的最重要的原则，安全体系应能够对移动电子商务系统进行全面地保护，避免存在方案的缺失和漏洞。另外由于移动电子商务系统的特殊性，如果功能设计和安全要求发生冲突，考虑因素的优先级需要提前确定，同时要考虑安全方案是否会影响系统的正常运行和操作合理性。此外，还有一些重要的原则，如最大性价比原则、可扩展原则等。

其次，需要分模块分设备分层次的设计安全方案。移动电子商务系统包括模块和设备很多，如SIM卡、手机终端、非接触芯片、非接触机具、POS管理平台、交易业务平台等，需要分析每个模块的特点和安全需求。为满足完整性的设计原则，需要将系统和模块分层设计安全机制。可以从应用、网络、接口、外设等方面进行设计。

第三，安全机制中不可或缺的是密码体系，可以分为对称密码体系和非对称密码体系两大类，其中对称密码体系指基于对称加/解密算法（如：3DES、AES等算法）的密码体系及相关的应用模式，对称密钥体系主要用户机密性、完整性保证，适用于大数据量的加解密。非对称密码体系指基于非对称加/解密算法（如：RSA算法）的密码体系及相关的应用模式。非对称密码体系适用于身份认证、签名、密钥协商等领域，不宜做大数据量加解密。

对密钥的安全管理是整个密码体系成功实施的关键，这包括密钥的生成、存储、保护、备份、恢复、分配、注销，以及对密钥申请的授权和证实、备份密钥的恢复、密钥管理的审计和跟踪、密钥管理系统的访问控制等功能。

第四，业务流程涉及对多个系统的访问，为了保证授权用户对资源的正常访问，非授权用户禁止访问，需要对系统模块进行访问控制。常用的身份认证方式有USB Key认证，基于短信的动态口令+静态口令，用户名/口令等。

第五，可靠性是安全的重要方面，系统能够可靠及时地为授权用户提供服务。对于各类应用数据，包括账户、用户注册数据、卡数据等都需要提供备份方案。应用程序设计过程中，应提供辅助的进程监控和管理程序，以在应用进程故障时恢复。对于各类业务流程异常，应用进程本身应该提供必要的处理机制，并记录审计日志，供事后的问题跟踪与应用的完善。对系统中极其关键的数据如账户数据等信息采取必要的灾备措施。

第六，通信安全是通过安全协议实现的，通过安全措施达到保证通信数据加密、通信数据完整性、不可否认性。移动电子商务系统中因业务场景的不同以及业务需求的不同，可以选择不同的安全协议提供安全通信保证，如TLS/SSL、HTTPS、OTA安全协议、应用自有协议等。另外，移动电子商务系统与各银行、各交易场所、企事业单位间使用专线网，也是保证信息安全和物理安全的措施，来实现移动运营商与银行等之间的数据安全传输和处理，防止数据被窃取或破坏。

第七，目前为了保证手机银行的账户安全，可以对不同应用的每日交易额设置了严格的上限。例如银行类应用设置每日限额为500元，手机钱包类交易不超过1000元，同时将客户指定手机号码与银行账户绑定，并设置专用支付密码，这样即使用户的手机不慎丢失，也不会带来账户上的危险。此外，可以参考网上支付，如可以利用支付页面核验信息提供安全保证。用户在激活时设置的核验信息会在网上支付过程中显示在页面滚动栏上，防范恶意网站冒充，骗取卡号密码等用户私密信息。

而在整个移动电子商务系统中，体现移动特性和高安全特性的SIM卡起到重要的安全保障作用。

（中国移动集团公司研究院　李琳）

3.3 移动支付标准及规范

3.3.1 我国移动电子支付标准及规范进程情况

3.3.1.1 国家层面标准进程

为加快推进移动电子支付的标准化进程，工业和信息化部和央行成立联合工作组，共同推进近距离支付标准的制定。

从目前来看，NFC技术比较成熟，RF-SIM是我国自主知识产权技术，二者是移动支付标准制定的方向。双界面技术存在天然的缺陷，只能成为一种过渡技术。13.56M贴膜卡不符合电信监管相关规定，贴膜卡在SIM卡和终端之间串接会带来安全性问题，不允许使用贴膜卡开展移动支付业务。13.56M SD卡是扩展的外设，里头的薄厚大小都是很难统一，标准不做定义。

目前，中国通信标准化协会开展了移动支付标准制定的相关工作，已经完成“基于近距离无线通信技术的移动终端电子支付技术要求”技术报告、“基于近距离无线通信技术的移动电子支付业务技术要求和测试方法”技术报告。同时正在开展移动支付终端、智能卡等相关设备的标准制定工作。制定的移动支付技术规范包括：手机终端、智能卡、非接触射频接口、机卡接口SWP协议、机卡接口HCI协议、手机终端安全、智能卡安全、多应用管理等。13.56MNFC技术为国内行业标准技术方向，SWP方式和全终端方式尚未定论。2.45GHz系列标准制定工作正在启动。

3.3.1.2 三家电信运营商制定主要技术规范

1. 中国移动

以手机支付和一卡通业务为主，中国移动在移动电子商务方面制定的标准和规范包括针对具体业务的业务规范、总体技术要求、应用平台设备规范、安全技术规范以及各种基础平台的技术方案等。具体如下：

➢ 《中国移动手机支付业务规范》：包括远程支付、近场支付

➢ 《中国移动手机支付业务总体技术要求》：包括远程支付、近场支付。包括SIM卡、移动终端、

POS 机以及 SIM 卡多应用管理平台的技术要求，以及手机支付相关的流程

- 《中国移动手机支付平台设备规范》
- 《中国移动一卡通业务规范》
- 《中国移动一卡通业务总体技术要求》
- 《中国移动一卡通业务设备规范》
- 《中国移动密钥管理中心技术方案》
- 《中国移动 SIM 卡多应用管理平台技术方案》
- 《中国移动一卡通安全技术规范》

2. 中国电信

中国电信明确采用 13.56M 的技术方案，并将 eNFC 作为最终解决方案。目前已经应用的技术有双界面定制终端、双界面定制卡、2.4G RFID-SIM，企业标准主要有手机支付技术规范、业务规范，手机支付平台技术规范、支付账户体系方案等。具体如下：

- 《中国电信翼支付—行业版技术规范》
- 《中国电信翼支付—行业版业务规范》
- 《中国电信融合支付平台技术规范》
- 《中国电信支付账户体系设计方案》

3. 中国联通

中国联通移动支付相关的标准规范包括 NFC 应用业务规范、手机支付平台技术规范等，还包括各种基础平台的技术要求。主要包括下面几种：

- 《中国联通 NFC 应用业务规范》
- 《中国联通手机支付平台技术规范》
- 《中国联通移动支付业务流程及管理规程》
- 《中国联通多应用框架 U(S)IM 卡技术要求》

3.3.1.3 中国银联制定主要标准

中国银联联合电信运营商、成员机构、终端厂商、芯片厂商、服务提供机构等产业各方共同组建

移动支付产业联盟，构建移动支付标准体系，促进产业环境成熟。具体如图 3.10 所示。

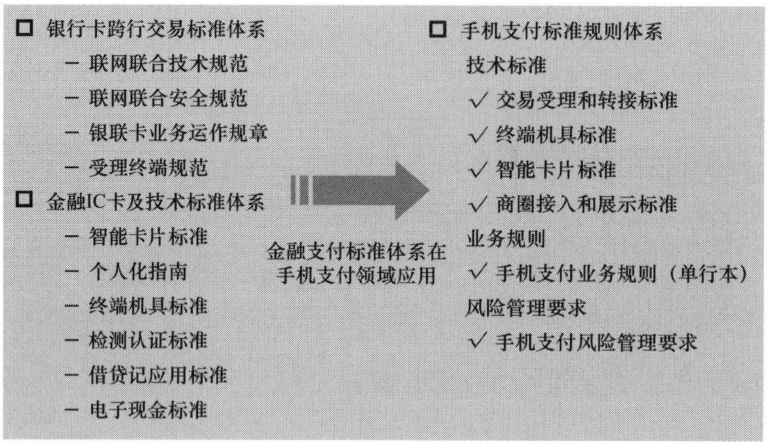

图 3.10　中国银联制定主要标准体系

3.3.1.4　其他单位制定主要技术标准和规范

1. 支付宝

主要在远程支付方面：推出手机安全支付方案，并联合 60 多家厂商成立中国首个无线安全支付产业联盟。

2010 年 10 月，支付宝在“支付与移动互联网峰会”上发布了手机安全支付方案，即开发者只需要签约支付宝，在应用中接入支付宝接口，手机用户就可以通过支付宝账号在手机上完成该软件的所有付费操作，软件开发者可以使用即时到账、大额支付等支付方案，快速获得收益。

无线安全支付产业联盟的成员包括全球芯片巨头高通、MTK、手机巨头诺基亚、三星、摩托罗拉等手机系统及硬件商，以及 UCWEB、创新工场、掌上明珠等主流手机应用提供商等 60 余家厂商。

2. 玲珑科技

依托七七连锁超市的建设，建设一整套规范，制定了以下标准：

- 《农村移动电子商务平台技术标准》
- 《农村移动电子商务平台操作手册》
- 《七七连锁超市管理系统》
- 《七七连锁超市管理手册》
- 《七七连锁超市经营手册》

3.3.2　国外移动电子支付标准进程情况

国外的移动支付主要采用 NFC 技术方案。最早由诺基亚、索尼、飞利浦等厂商成立的 NFC 联盟联合主推，获得 VISA，微软、万事达，NTT DOCOMO、Google 等支持。

1. 国际标准组织

- GSMA 基于 NFC 的——Pay-BuyMobile 标准
- Mobile Payment Forum
- Mobey Forum
- Mobile Electronic Transactions（MeT）
- PayCircle
- 欧洲银行标准委员会（ECBS）

2. 金融机构

- Visa 联合 DeviceFidelity 开发的 In2Pay microSD 标准
- 万事达卡基于 NFC 的 PayPass 应用标准

3. 日本

- 基于 Felica 芯片的移动支付标准

4. 韩国

- 基于红外线的非接触技术标准

3.3.2.1　国际标准组织

1. GSMA

GSM 协会于 2007 年 2 月公布制定 NFC 移动支付全球统一标准的新计划——“Pay-BuyMobile”，该计划旨在建立一个在不同设备提供商和金融机构之间实现互操作的全球统一 NFC 移动支付标准 。

NFC 标准成为 ISO/IEC（国际标准化组织 / 国际电工委员会）、ETSI（欧洲电信标准化协会）和 ECMA（欧洲信息及通讯系统标准化协会）等国际标准化组织的推荐标准，获得全球近 50 家电信运营商、万事达卡、Visa，以及索尼、诺基亚、飞利浦、三星电子、摩托罗拉、LG 等终端厂商全力支持。

NFC 标准定义的是移动终端处的非接触式识别和互联技术。

手机终端：内置非接触的 MicroRead NFC 芯片，NFC 芯片通过标准 SWP 协议与 SIM 卡之间直接链接。

读写设备终端：即 RFID 读写器，可兼容 ISO/IEC 14443A，ISO/IEC 14443 B 以及在 ISO18092 中有关部分描述的 FeliCa 标准。

2. Mobile Payment Forum

研发一系列作为底层架构技术的标准，使银行、移动电话制造商及移动运营商能够基于这些标准提供安全交易及持卡人身份验证服务，进而推动移动电子商务系统的研发，实现用户授权与支付信息的安全传输。

3. Mobey Forum

定义了适用于移动支付的安全环境、安全业务流程、初始化、注册、安全环境建立、身份认证、用户签名、以及密钥产生的机制。

4. Mobile Electronic Transactions（MeT）

MeT 成立初期主要关注远程交易技术规范的发展和手机制造商之间的合作，随后逐步转向关注近距离交易。为了推动技术规范的可用性、安全性和通用性，2005 年初，MeT 及其会员加入了近距离无线通讯论坛（NFC Forum）。

5. PayCircle

（1）移动支付的基础架构

（2）研究新型商业模式的可行性

（3）开放的、标准的支付接口

（4）为各方提供一个公开的、可得的移动支付接口规范；在各种不同条件下测试

（5）支持该接口规范的互联网应用

6. 欧洲银行标准委员会（ECBS）

欧洲银行标准委员会（ECBS）针对移动支付业务成立了专门的项目组，并发表了两份对欧洲移动支付发展有重要影响的文件：2003 年 2 月发表的《移动支付商业和功能需求》和 2005 年 3 月发表的《移动支付实施指南》。

3.3.2.2 金融机构

1. Visa

联合 DeviceFidelity 开发的 In2Pay microSD 解决方案。In2Pay MicroSD 方案融合了 Visa 的非接触

式支付技术 Visa payWave 和 DeviceFidelity 的 In2PayTM 技术。

手机终端：在现有智能手机机身背面 SD 卡槽中插入一颗可拆卸 microSD 存储卡，使用时需要下载 Visa 的 PayWave 移动支付应用程序。

终端阅读器：采用统一标准技术，与当前世界各地零售点安装的非接触式支付终端兼容，包括同时支持 Visa 的 PayWave 系统和 MasterCard 的 PayPass 及美国运通的 Express Pay 系统。

In2Pay MicroSD 方案得到诸多金融机构的支持。以前，Visa 的 MicroSD 方案只向参与 Visa 移动支付试验计划的金融机构提供，包括美国的一些大型金融机构，如摩根大通、富国银行、美国合众银行和美国银行。现在，任何一个 Visa 发卡行都可以根据 Visa 的标准合同条款获得此项技术，并将 Visa 移动支付应用加载到 microSD 卡上。

2. 万事达

推出的 PayPass 应用标准，PayPass 是万事达卡国际组织在 2003 年推出的一种无线支付技术，集成了传统意义的可编程 IC 芯片以及目前无线电频率通信行业标准 ISO 支持下的 RFID，同时使用芯片、PIN 以及 RFID 技术实现非接触支付。PayPass 卡和设备内嵌了芯片和无线电天线。

（1）PIN 中可以保留持卡人详细的信息，还可以保留一定数量的历史交易明细。

（2）PayPass 卡既具有传统 IC 卡所有的功能，又可以像磁条卡一样，与银行后台直接关联。

（3）PayPass 支付芯片植入支持 NFC（近距无线通信技术）手机的 USIM 卡内，实现 PayPass 的支付功能。

目前全球已经有 24 个市场开展了 PayPassTM 的受理工作，包括日本、中国台湾、韩国、中国香港、新加坡、马来西亚。

（1）在中国，万事达卡与工商银行合作发行 PayPassTM 信用卡，这是国内首张同时具备普通芯片卡和非接触式卡两种功能的信用卡。

（2）在美国，万事达卡则在 2010 年 7 月，通过花旗银行引入了可贴在手机背面的支付标签来推出自己的移动支付服务，可在 23 万家美国商铺使用。

（3）在德国，万事达卡推出首款汉莎航空 Miles & More 信用卡，并在法兰克福和慕尼黑机场的结账柜台上安装万事达卡 PayPass 终端，汉莎航空 Miles & More 信用卡目前可以在全球超过 2700 万个终端上使用。

3.3.2.3 日本

Felica 是统一标准，Sony 非接触式芯片 Felica 是日本非接触式支付项目的共同标准，为运营商之间以及与合作伙伴或商铺之间的互操作打下基础。

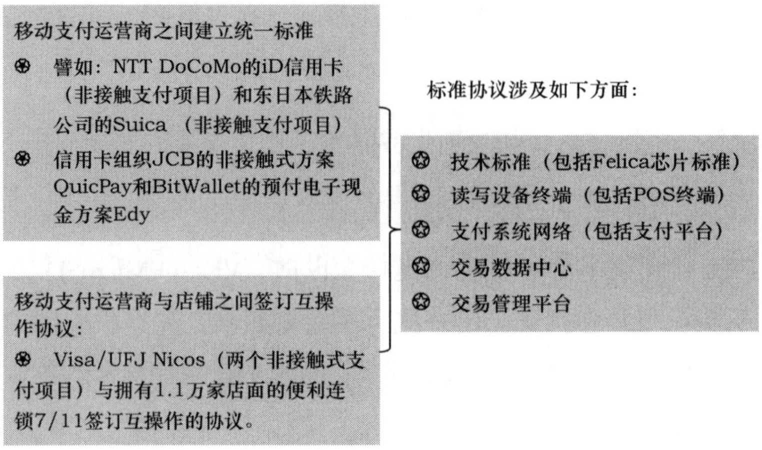

图 3.11　日本移动支付标准体系

3.3.2.4　韩国

虽然统一采用红外技术，但是读写设备终端标准不统一。运营商主要采用红外传输与收银台进行支付交易的数据交互。韩国政府组织开展“移动 OK 标准基础平台的支付模块开发，意图在将来的移动电子商务中建立一种新的可进行支付结算的平台。

由于韩国两大运营商之间不愿合作开发移动支付市场，SKT 的 Moneta 业务和 KTF 的 K-merce 业务需要不同的红外接收器，而两种不同的接收器不能互联互通，导致彼此的移动支付业务发展都不如意。为此，韩国相关企业共同成了行业协会，共同推进移动支付业务的发展。运营商制定的标准协议涉及如下方面。

（1）手机终端：能储存银行交易资料，并具备交易信息加密功能（如内嵌 SK 开发的 MONETA 智能芯片）。

（2）读写设备终端：譬如结算时，手机与接收器之间红外线传送用户的支付信息如信用卡卡号和密码等（事先登记的已储存在手机内）。

（3）交易数据中心。

（4）交易管理中心。

3.3.2.5　美国

美国移动支付发展基本是各自为政。随着移动支付需求的快速增长，移动运营商、支付系统和银行开始通力合作推出移动支付系统，以对抗 Visa 和万事达卡的竞争。美国的三家移动运营商 AT&T、Verizon 和 T-mobile 正联手筹备合资企业，意图将信用卡和借记卡业务置入智能手机，并与美国发现金融服务公司（Discover Financial Services）（该公司是仅次于 Visa、万事达卡和美国运通的美国第四大电子网络支付服务商）和巴克莱银行合作，推出移动支付系统。该系统由发现金融服务公司提供付款网络，而位列全球顶级金融巨头的巴克莱银行则能提供账户管理的良好支持。亚特兰大以及另外 3 个美国城市的商店和出租车将作为新的手机支付系统的首批试用者。

设备商自己布网。VIVOtech 读取设备基于近场通信技术（NFC），它可以支持智能手机付款。VIVOtech 既提供硬件也提供软件，它已经在全球安装超过 80 万个 NFC 系统。在美国 NFC 读取设备市场上 VIVOtech 占据 80% 份额。

第四章　移动电子商务业务应用

4.1　移动电子商务应用分类

随着移动电子商务概念和内涵的不断扩展，在我国移动电子商务业务发展已远远突破了移动支付的狭隘内容，同时移动电子商务业务体系的研究也不断深入。通过近几年的业务试点和市场推广，我国已经形成较为完善的移动电子商务业务和发展体系。

移动电子商务应用可以按照应用领域和具体业务两个维度进行分类。如图 4.1 和图 4.2 所示，移动电子商务解决方案往往需要使用到多种技术和多种业务。

按移动业务划分

按应用领域划分

		语音	短信	视频	移动互联网	支付	定位	M2M	…
工/农业生产	农业								
	制造业								
	…								
生产性服务	商务								
	物流	货物查询	货物到达通知	车辆监控	货物查询		车辆管理		
	…								
生活服务	旅游								
	…								
公共服务	公共管理	…							

图 4.1　移动电子商务应用分类（一）

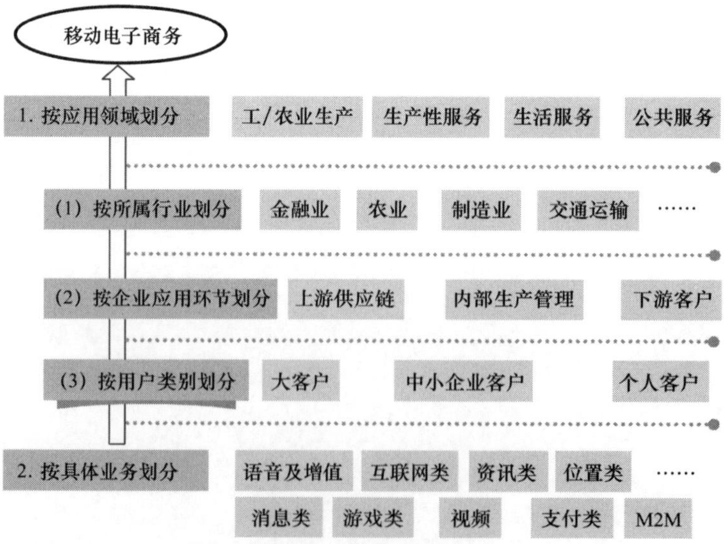

图 4.2　移动电子商务应用分类（二）

以物流行业的移动电子商务应用为例，物流业的移动电子商务在货物查询、货物到达通知等环节使用短信、语音增值和互联网等移动业务，在车辆监控、车辆调度等环节使用短信、视频、位置类等移动业务。

按照应用领域维度划分，移动电子商务可大致分为四类应用：工 / 农业生产类、生产性服务类、生活服务类和公共服务类等，再细分可按照所属行业、企业应用环节、用户类别进行二级细分。按照具体移动业务划分，可划分为消息类、位置类、互联网类、视频类、语音及增值等。

4.2　移动电子商务典型应用

目前，移动电子商务应用根据成熟和发展不同阶段，可以分为两类：一是业务开展时间较长，比较成熟，处于示范推广阶段，这类业务我们称为“示范应用”；二是有些业务刚刚开展，处于试点起步阶段，我们称为“试点应用”。

4.2.1　移动电子商务示范应用

目前，开展的示范应用主要归纳为 10 类，如手机公交地铁购票、手机公共事业缴费、手机超市 / 便利店购物、手机银行、手机证券、手机门票、手机登机牌、企事业单位手机“一卡通”、移动供应链管理、农业移动电子商务等，主要以生活服务和公共服务领域应用为主，分布在交通、旅游、公共事业、金融、航空、农业等行业，如图 4.3 所示。

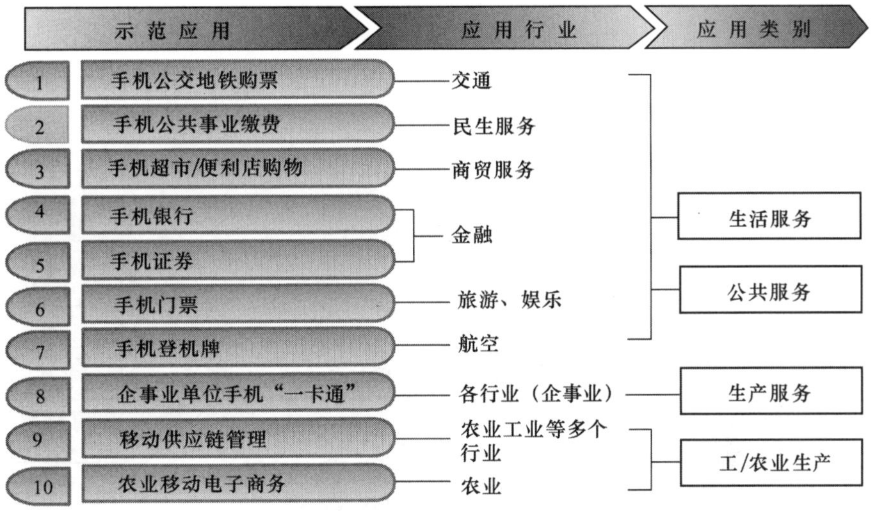

图 4.3　我国移动电子商务示范应用

具体应用简单介绍如下。

1. 手机公交地铁购票、手机公共事业缴费

不用购票、无需带卡，只要拿出随身携带的手机在地铁闸口或公交车的刷卡机上轻碰一下，即可

乘坐地铁或公交。手机支付实现随时随地地空中充值，通过手机菜单的操作即可完成整个充值操作，免去了去网点充值和排队买票的困扰。手机公交地铁购票需要建设公共交通应用平台，实现开通、注销、查询等业务管理、安全管理、营销客服支撑等功能。

通过手机公共事业缴费应用，用户足不出户即可完成水、电、煤气费、有线电视费、手机话费缴纳等日常操作；可有三种方式：账单自动催缴、账单先查后缴、系统自动扣缴。手机公共事业缴费需要建设公共事业应用平台，实现账单接收、缴费管理、营销客服支撑等功能。

2. 手机超市 / 便利店购物

用户在商场、便利店消费购物时使用手机刷POS机，用手机支付账户完成消费购物，如图4.4所示。

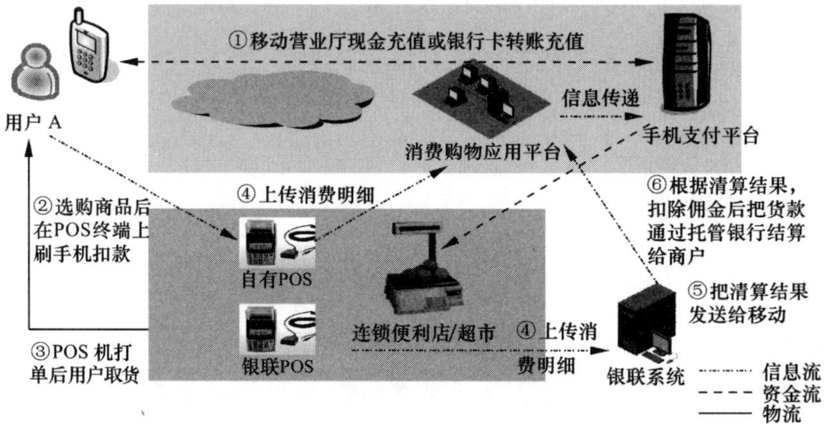

图 4.4　手机超市 / 便利店购物示意图

3. 手机银行、手机证券

手机银行、手机证券如图 4.5 所示。

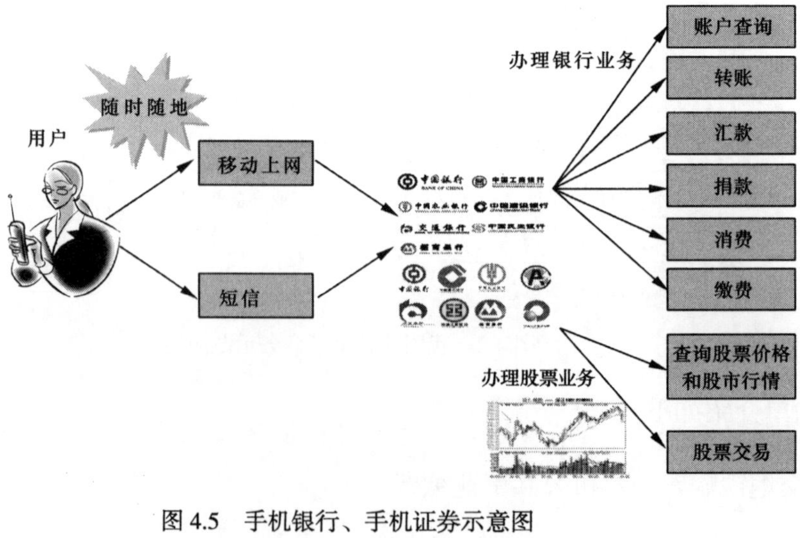

图 4.5　手机银行、手机证券示意图

4. 手机门票

手机门票是指游客通过短信、彩信、WAP 网站、二维码等方式享受到各种旅游信息服务，接受电子门禁、电子售票、监管信息等旅游数字化管理服务，也可在电影院等娱乐场所使用，如图 4.6 所示。

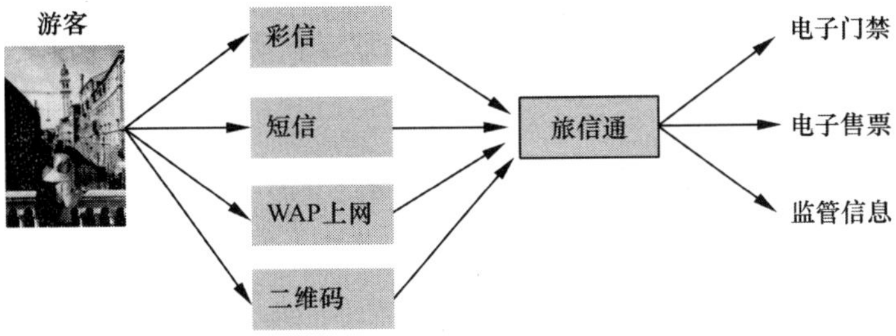

图 4.6 手机门票示意图

5. 手机登机牌

利用二维码技术，使最终用户实现通过手机终端自助进行客票查询、航班查询、客票定座、电子登机牌、12580 语音值机、电子支付、VIP 礼遇验证、机场无线网络等功能。

6. 企事业单位手机“一卡通”

企事业单位手机“一卡通”是指以考勤、门禁、企 / 事业内部支付三大功能为基础，并兼具企 / 事业内部信息化应用的企 / 事业管理工具，通过手机一卡通便利企业的各项日常应用。主要包括门禁、考勤、消费管理、企业秘书、会议管、车库出入管理等功能。

7. 移动供应链管理

移动供应链管理是指企业与供应商之间供应链管理的移动化，主要通过短信 / 彩信、定位和视频、M2M 监控等技术进行供应链中的信息流、资金流和物流的管理，如图 4.7 所示。

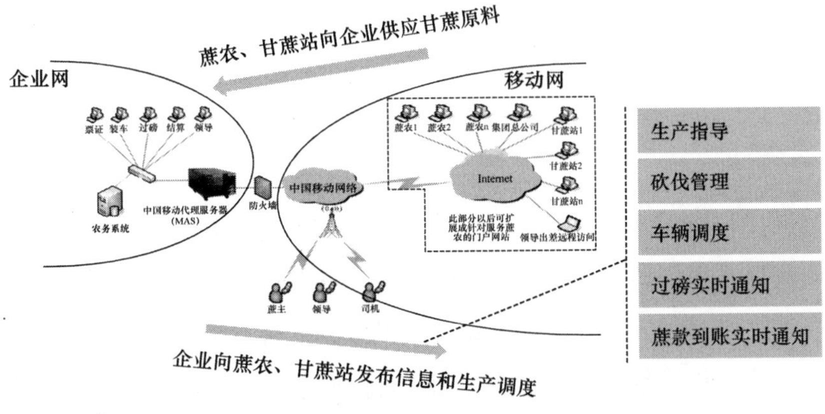

图 4.7 移动供应链管理示意图

8. 农业移动电子商务

针对农村信息化建设现状及商贸流通领域存在的矛盾和问题，有效运用现代商业理念，通过移动通信和移动电子支付等现代化信息技术与农村信息产业有机结合，快速创建以县域有实力的零售批发企业市场化运作为主体，以集约化采购和科学的物流配送为手段，以标准化农家店为载体，以农村移动电子商务平台为支撑，以移动手机和“农信通”机具为终端，以“工业品进村”，“农副产品进城”，“门店资金归集”为应用，以信息流、资金流、物流三流合一为目标的全新商务模式，如图4.8所示。

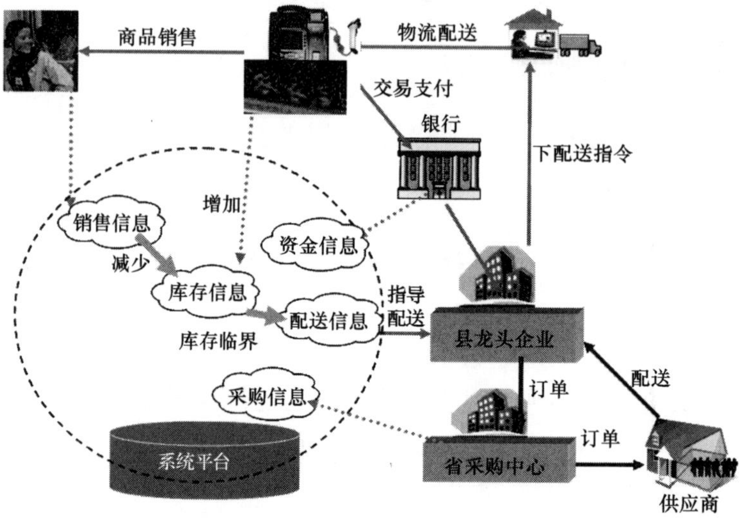

图4.8 农村移动电子商务方案

4.2.2 移动电子商务试点应用

目前处于试点起步阶段的试点应用主要包括手机基金、手机保险、移动医疗服务、移动教育服务、移动会展服务、移动报关服务、移动生产安全管理、移动营销管理、移动客户关系管理、无线环保监控、远程自动抄表、移动智能城市交通、移动智能公交管理、移动车辆管理、旅游移动电子商务、移动物流信息服务、中小企业移动信息化、专业市场移动信息化及面向世博会、亚运会等大型活动的移动服务等二十类。应用从生活服务和公共服务领域向工农业生产、生产性服务领域扩展，分布在交通、旅游、公共事业、金融、航空、电力等行业，如图4.9所示。

其中主要部分应用简单介绍如下。

1. 移动生产安全管理

移动生产安全管理是指确保生产、供应等一系列过程的安全管理，主要通过M2M技术进行无线远程监控，包括物业监控、电梯监控、车辆监控和企业安全监控等。例如动物防疫检疫溯源，通过为兽医及相关人员配备统一采购的PDA无线终端，有效实现产品监控。通过二维码及无线主动识读设备，消费者还可以方便快捷地了解产品从生产、检验直到销售的各个环节的相关溯源信息，如图4.10所示。

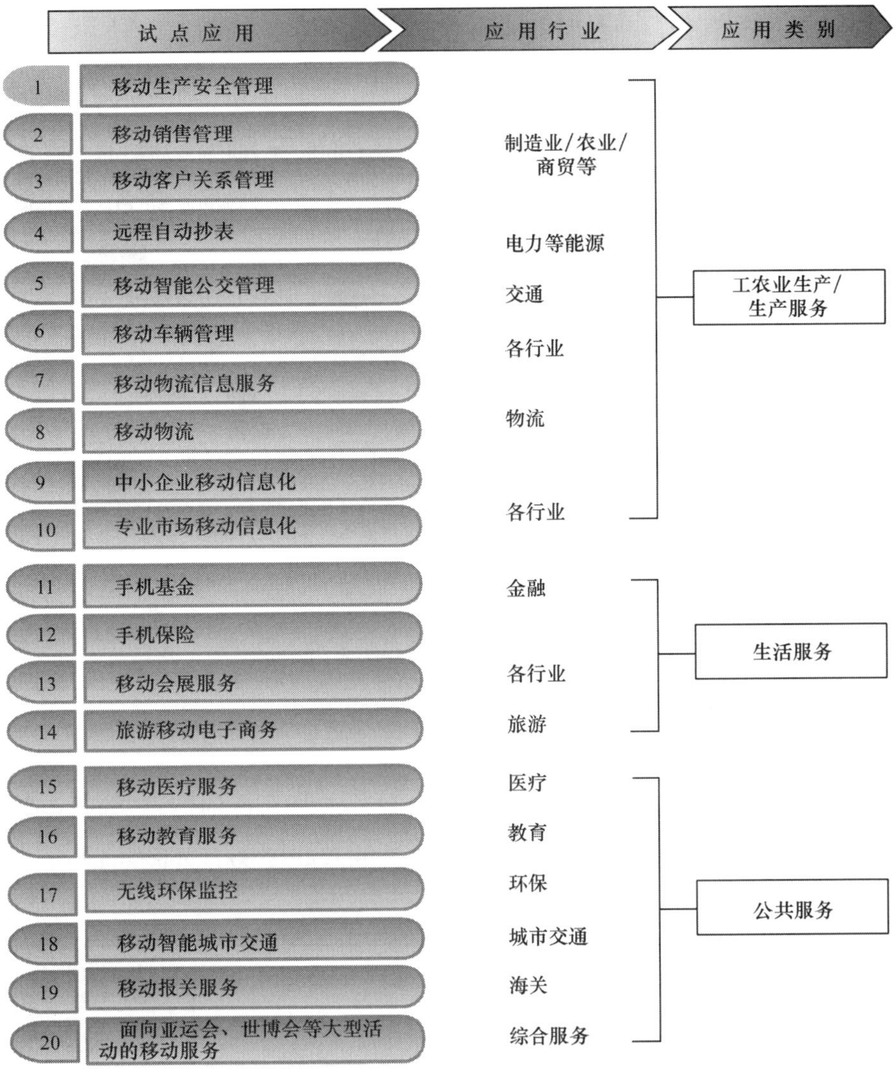

图 4.9　我国移动电子商务试点应用

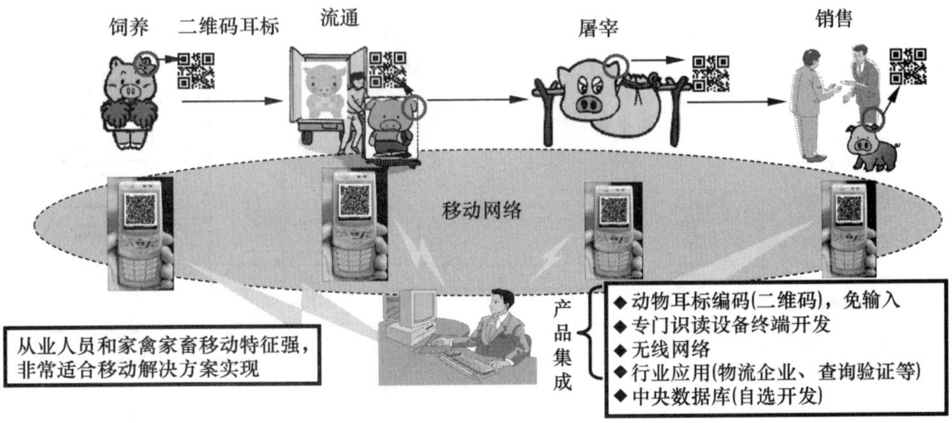

图 4.10　动物防疫检疫溯源示意图

2. 移动销售管理

针对企业的销售渠道及管理特点，能够与企业现有的电子商务系统相结合，解决进销存管理问题，实时掌握店面的销售、库存等信息，并及时响应订货、补货需求，如图 4.11 所示。

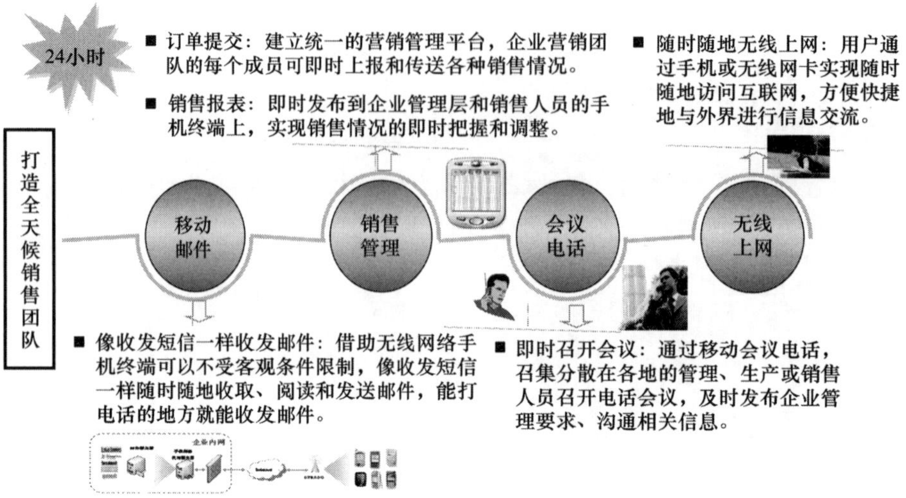

图 4.11　移动销售管理示意图

3. 移动智能公交管理

通过无线通信网络，将公交车辆的位置、车况、路况，告警等各项信息实时传递到调度中心，并将调度中心的各种调度指令实时下发给车辆，实现了信息的双向传递，如图 4.12 所示。

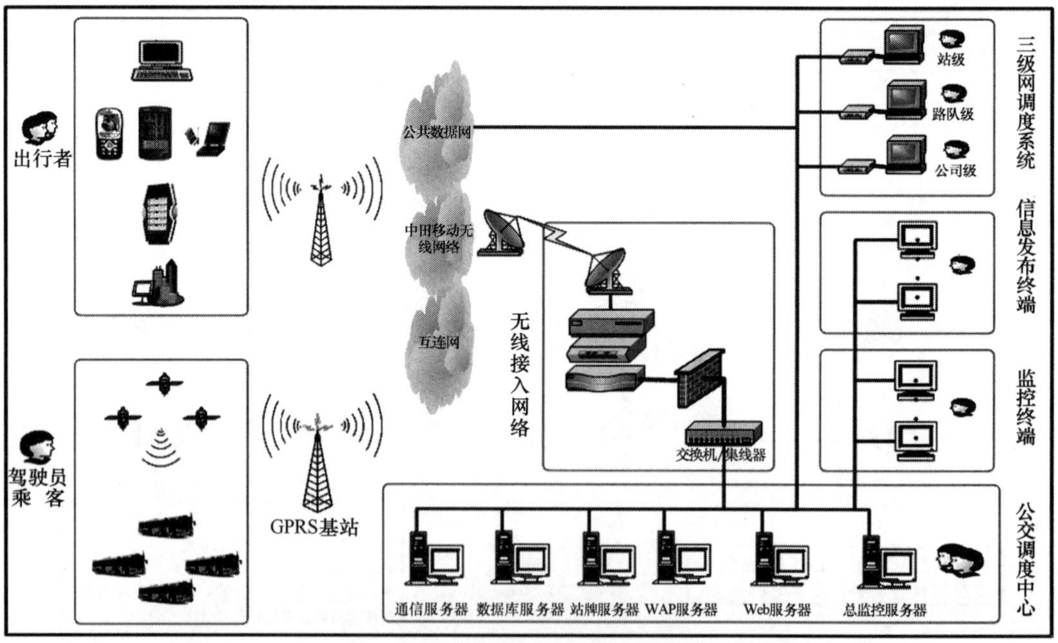

图 4.12　智能化公交系统网络结构图

4. 移动物流

利用车辆定位技术进行物流运作和管理，将物流各环节及信息等有机结合，形成完整的供应链，为用户提供实时的车辆调度、车货源发布、货物配载、车辆跟踪查询、短信到货通知、到货检验签收、运单追踪等物流一体化信息服务，如图 4.13 所示。

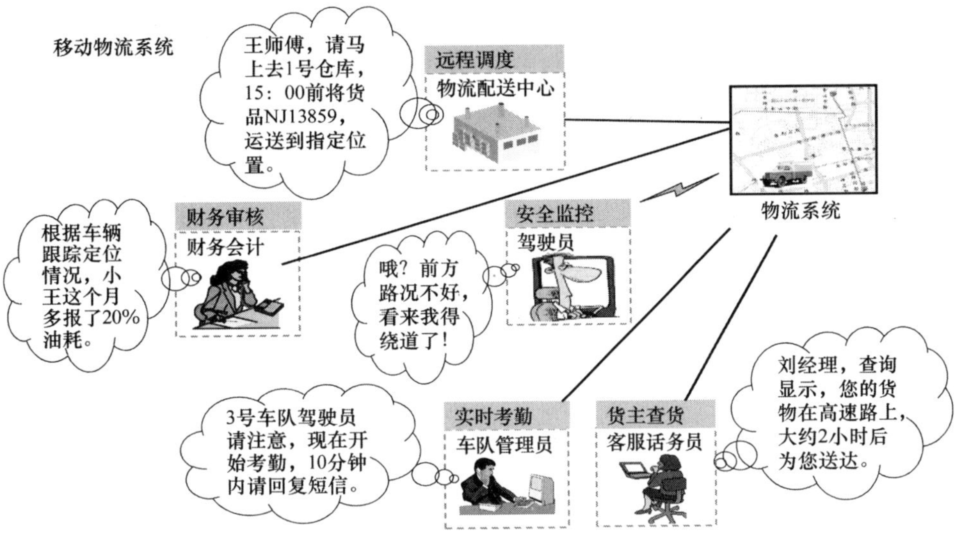

图 4.13　移动物流示意图

5. 中小企业移动信息化

中小企业移动信息化帮助中小企业解决销售渠道、管理、认证、支付、清结算、物流等一系列的经营难题，推动中小企业利用移动信息化技术拓展“内需”，帮助中小企业转型和发展，推进催生基于移动电子商务的新型数字经济。中小企业移动信息化如图 4.14 所示。

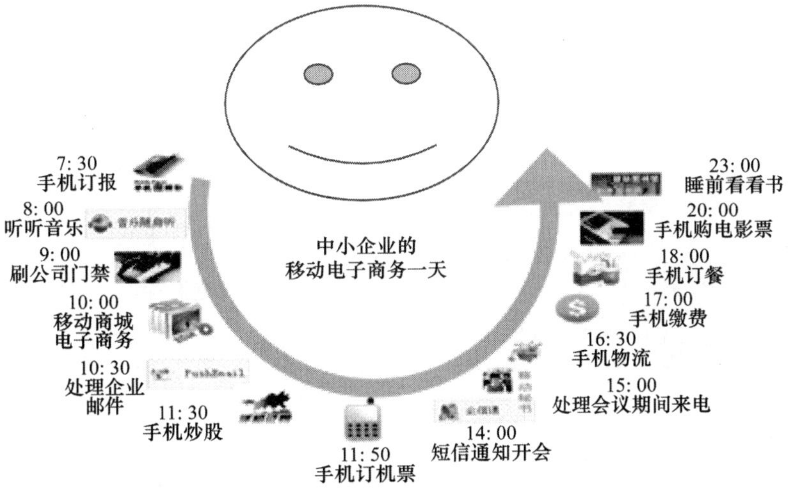

图 4.14　中小企业移动信息化

6. 专业市场移动信息化

由于单个的中小企业电子移动商务难以产生规模效益，在有关机构的组织下，所有的行业内的企业可以一起参与移动商务活动，对价值链各方产生吸引力，从而产生规模效益。比如，构建类似纺织、汽车、化工等专业的垂直应用平台，集合大量同类企业，由于是同类企业的集中应用，价值链各方可以方便、快捷、全面地获取信息，进行商务活动，帮助完成客户的其他需求，如物流、相关信息等，各方均可受益，如图 4.15 所示。

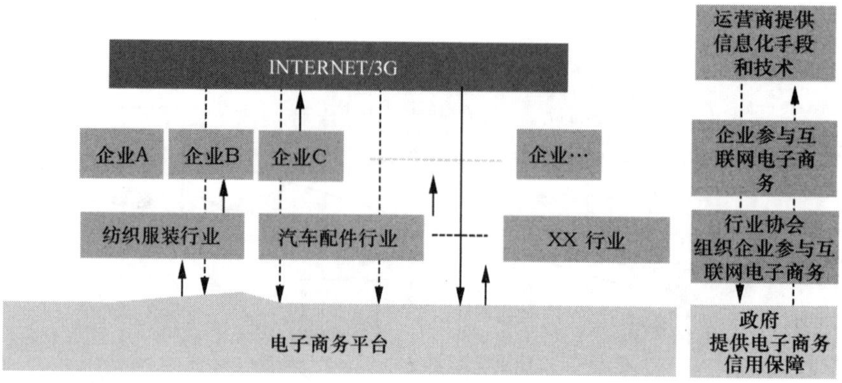

图 4.15　专业市场移动信息化方案

7. 旅游移动电子商务

旅游移动电子商务是通过信息技术的运用来改变传统的旅游生产、分配和消费机制，以信息化的发展来优化旅游经济的运作，实现旅游经济的快速增长。主要包括面向旅游管理部门建设旅游政务门户平台和 OA 系统；面向旅游相关企业建设门户网站、发布旅游相关信息，建设导游管理系统，建设旅游景点视频信息广告发布系统；面向游客的信息服务系统，包括无线上网旅游搜索、咨询，旅游电子门票等。其中旅游电子门票以移动手机终端为载体，通过互联网平台获得含有二维码的旅游电子门票，再利用扫码终端从中读取信息，最终实现景区门票的自动销售、自动检票以及景区信息的增值。

8. 移动报关

在各地海关口岸实施电子口岸“三卡合一”应用，将手机 SIM 卡、银行卡、通关 CA 卡进行整合，实现移动报关、税费支付和其他与通关有关的活动的整合，如图 4.16 所示。

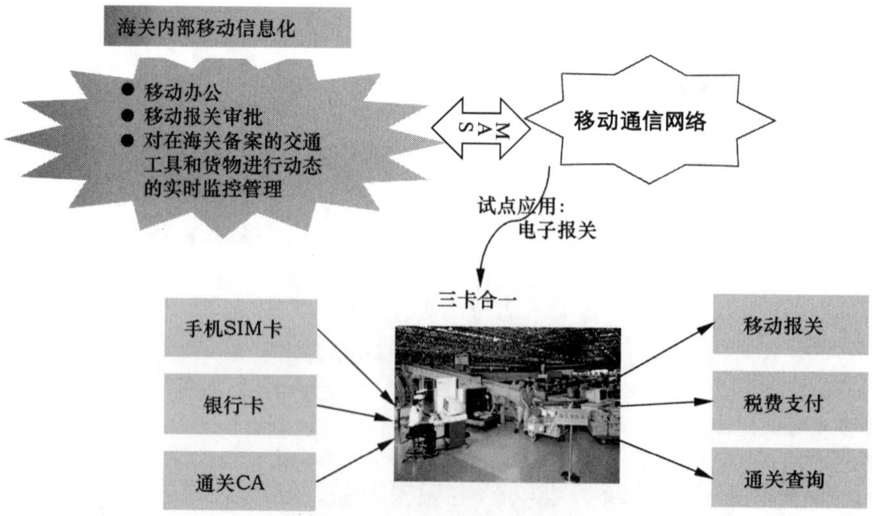

图 4.16　移动报关示意图

9. 面向大型活动的移动服务

提供身份识别、购票、购物、旅游服务等综合服务。如“世博通卡”，为用户提供世博会的全程电子商务服务。“通”的特点包括移动畅通和支付畅通。具备世博门票、身份识别等功能，让用户、工作人员在世博园区内外畅通无阻，同时具备现场消费、积分兑换、电子优惠券等功能，让用户享受便利的消费。

第五章　移动电子商务产业链和主要商业模式

5.1　移动电子商务产业链

5.1.1　移动电子商务产业生态链

移动电子商务产业链比较长，横跨通信和金融，涉及到终端制造商、网络提供商、应用 / 软件开发商、系统集成商、支付与金融服务提供商、物流服务商、应用企业等各个方面。

根据在移动电子商务产业链中的作用，可以分为制造链条和服务链条。制造链条指的是提供移动电子商务业务能力的产业链各环节，包括终端制造商、网络设备商等；服务链条指的是直接提供移动电子商务应用和使用移动电子商务应用的产业链各环节，包括移动电子商务业务提供商、应用软件开发商、系统集成商等，其中移动电子商务业务提供商根据运营模式的不同，包括了电信运营商、金融机构、公交等发卡行业、第三方企业以及终端厂商等，如图 5.1 所示。

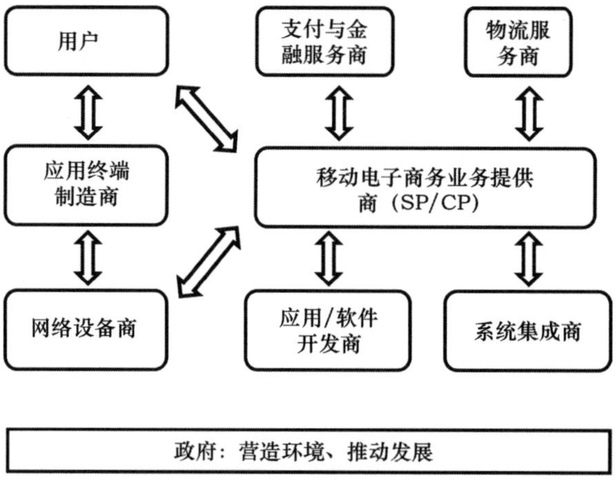

图 5.1　移动电子商务产业生态链

5.1.2　制造链条分析

从制造链条来看，由于移动电子商务对于终端的要求较高，智能终端以及带有近距离支付芯片的终端才能满足各种业务的需求。目前，终端制造是制造链条的关键环节。

目前由于移动支付标准不统一，用户规模小，尚未形成规模效应，业务提供商对终端设备上的支持力度有限等原因，终端设备商的研发投入有限，终端款数少，出货量小。导致目前移动支付终端的成本较高，例如 RF-SIM 芯片成本 80 元左右，NFC 终端成本要比普通手机终端高出 10% 以上。

从手机终端来看，诺基亚、三星、LG 等国际主流厂商均有或者生产过 NFC-SWP 手机产品，具备生产能力；由于市场原因，NFC-SWP 手机未在中国市场销售或者停止生产。全球 NFC 手机出货量的占比也非常低。预计 2014 年仅达到 14%。双界面卡定制终端以国内厂商生产为主，主要有海尔、波导、长虹、龙旗等。双界面 SIM 卡和 RD-SIM 卡手机和卡的适配性不好。

从 POS 终端来看，新国都、新大陆、证通电子、南天信息等主流的 POS 机厂商都能够生产非接触式 POS 机，同时支持 13.56MHz 和 2.4GHz 两种频率。具备 2.4GHz RF-POS 生产能力的国内厂商众多。

芯片产业是整个产业的薄弱环节。13.56MHz 芯片以恩智浦、英飞凌、三星等国外厂商为主，2.4GHz 的 RF-SIM 芯片提供商全部都是国内厂商，主要有国民技术、泛在等，其中国民技术掌握核心专利。

从 SIM 卡来看，排名前十的 SIM 卡厂商如东信和平、金雅拓、上海柯斯等基本能提供近场移动支付 SIM 卡。NFC 国外厂商金雅拓的出货量远远超出其他厂商。双界面 SIM 卡上握奇数据占据绝对的主导。RF-SIM 卡上东信和平出货量最大。

5.1.3 服务链条分析

从服务链条来看，业务提供商是服务链条的关键环节。无论银联、电信运营商，还是公交等发卡行业，以及终端厂商、互联网企业，均想争夺移动电子商务应用的主导权，尤其银联和电信运营商的竞争最为激烈。应用介质控制是银联和电信运营商争相控制的焦点，预置主控密钥和管理软件是掌控的核心环节。

移动电子商务产业链相比其他业务产业链长，涉及众多环节、众多行业的利益，产业链关系复杂，不同行业部门之间协作困难。产业链分散，无法形成合力，产业链上下游没有形成稳定的互赢互利的商业模式。设备制造商处于观望状态，缺乏驱动力，企业各自为阵，难以降低成本，产品缺乏市场竞争力。

根据社会经济对移动电子商务的需求，在移动电子商务领域应建立完整的上、下游产业链，建立价值链多方共赢合作的移动电子商务新模式，打破行业壁垒，形成开放的社会协作模式，打造新的产业链，鼓励和引导更多企业参与移动电子商务，推动移动电子商务产业链的发展完善，架构新的产业群，形成以信息为纽带的全过程的有机协作。

5.2 移动电子商务的主要商业模式

移动电子商务的优势是即时性、移动性、便利性、私人性，而要实现这些特性，除了有政策法规和技术平台的支持，适合的商业模式也是产业发展壮大的关键。

从全球移动电子商务发展来看，各国移动电子商务主要商业模式与各国家和地区的通信行业和金融行业的背景紧密相关。在日本、韩国，电信运营商实力雄厚，银行业偏弱小，商业模式以电信运营商主导为主，与银行合作推广业务，典型是 DoCoMo 开展的移动支付业务。在美国，电信运营商较弱小，互联网公司和卡组织实力强大，以互联网公司和卡组织主导的商业模式为主。电信运营商组成合资公司 Isis 开展移动支付业务。Google 公司推出“Google Wallet”业务，打造开放协作的平台。卡组织 Visa 和 MasterCard 均较早开展了业务。在欧洲，电信运营商均跨国经营通信业务，因此欧洲的移动支付也是采取了多国运营商统一品牌的业务模式，如表 5.1 所示。

表 5.1　各国家和地区移动电子商务主要商业模式

	主要商业模式	通信业环境和金融环境
日本	电信运营商主导	电信运营商实力强大，银行弱小
欧洲	运营商跨国合作	运营商通信业务跨国经营
美国	卡组织主导、互联网公司主导、电信运营商合作主导的模式共存	运营商弱小，卡组织强大，但业务能力弱，互联网公司创新能力强

我国的通信业环境中电信运营商实力强大，金融机构中银联比较强大，因此我国的商业模式以电信运营商和银联主导为主、其他商业模式为辅。但由于行业壁垒，电信运营商与银联之间以竞争为主，合作变得很困难。目前电信运营商主导、终端厂商主导、互联网企业主导、银联主导、发卡行业主导和商业银行主导等六种商业模式并存，仍未形成各主体利益分配均衡、良性成长的主导商业模式，如表 5.2 所示。

表 5.2　我国移动电子商务主要的商业模式

商业模式	优势	劣势	举例
电信运营商主导	用户资源、接入通道和资金优势	缺少金融账户运营经验，跨行业协作存在壁垒	中国移动的“手机钱包”
终端厂商主导	终端绑定应用商店的模式	面临移动运营商的激烈竞争，用户和应用范围有限	苹果的 iPhone
互联网企业主导	已有的用户资源、品牌延伸到移动业务	规模普遍小	支付宝、用友、拓维
发卡行业（公交公司等）	具有受理环境的优势	不具有数据业务的运营经验	公交公司
银联等卡组织	熟悉金融业务，具有受理环境的优势	不具有数据业务运营经验	银联
各商业银行	熟悉金融业务，安全性高	应用范围和用户有限，不利于银行间的互联互通	交通银行

模式一：电信运营商主导模式，如图 5.2 所示。电信运营商与用户和商业客户直接建立联系，在移动终端中采用特制的 SIM 卡，在商户端布放支持非接触交易的 POS 机，并搭建统一的移动电子商务运营平台。此模式不需要银行参与，如目前开展的手机钱包业务。电信运营商凭借在产业链中的核

心地位，以及庞大的用户群，在开展移动电子商务方面具有先天优势。

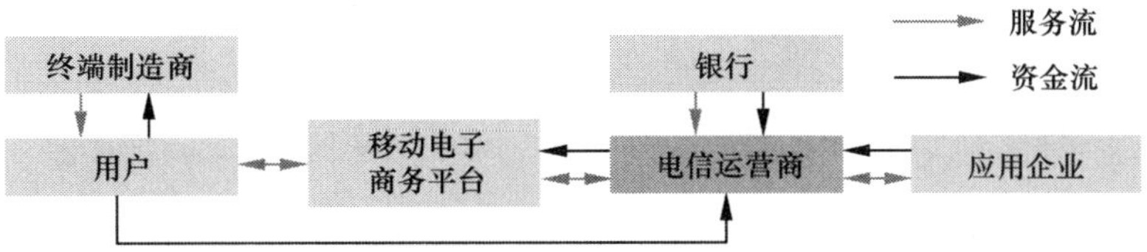

图 5.2　电信运营商主导模式

各电信运营商把移动电子商务作为转型契机，均高度重视。目前从通信服务向信息服务转型、进行差异化竞争，面向行业应用开辟新的业务空间，发展移动电子商务，是整个行业适应新竞争局面的必然选择。电信运营商积极开展近场移动支付业务试点试验，组建专门的支付子公司。三家运营商选择了不同的运营模式：中国移动注资浦发银行，积极发展自主支付账户，与银联成为竞争的态势；中国联通和中国电信采取与银联、金融机构合作，共同推广移动支付业务。从提供移动电子商务应用来看，运营商作为用户智能卡的发卡方，具有天然优势，适合成为应用控制的主导方，在应用介质中预置主控密钥和管理软件。

模式二：银联等卡组织主导模式。银联希望移动支付带来新的业务增长点，解决原有结算业务饱和问题，从而提升核心竞争力，巩固在新兴支付领域的主导地位。银联开展了“手付通”业务，并积极寻求与产业各方的合作，建立产业联盟。银联与电信运营商进行博弈，建立多应用管理平台，希望成为应用控制的主导方，掌控应用介质。

模式三：银行主导模式，如图 5.3 所示。银行开展支付，可以扩展新用户，增加交易额。商业银行主要推移动支付客户端，开展手机银行及增值业务。金融机构在大额移动支付中占据主导地位，具有得天独厚的政策优势。但业务应用范围和用户有限，银行间互联互通比较困难。

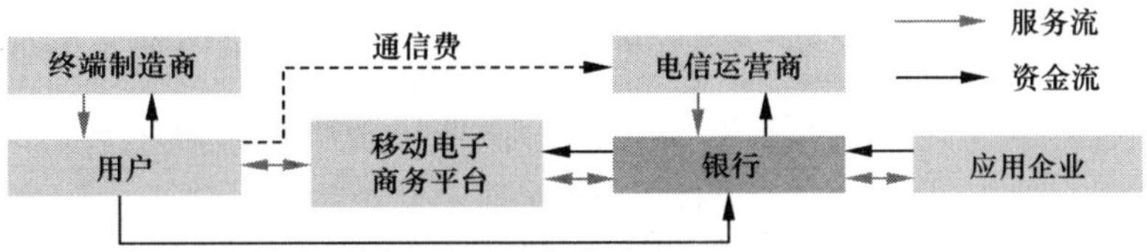

图 5.3　银行主导模式

模式四：终端厂商主导模式。终端厂商例如苹果等公司有一定的品牌号召力，有独特的用户群体，采用“终端 + 应用商店”的模式提供服务。积极与支付企业合作，形成固定的商务关系，在移动电子商务应用中处于主导地位。

模式五：互联网企业主导模式，如图 5.4 所示。互联网企业包括第三方支付企业、传统电子商务企业、软件企业以及平台集成商等。这些互联网企业将电子支付、电子商务逐步向移动领域延伸，扩展业务领域和收入来源。例如用户使用手机上网形式登录淘宝、阿里巴巴等网站并进行订单处理等。这种方式的优势在于互联网企业已经具有电子商务的运营和管理经验以及成熟的品牌形象，手机仅作为一个全新的用户接入渠道，可以迅速将互联网业务向手机移植。拓为公司的一卡通平台，用友公司的移动商街是平台集成商提供移动电子商务的模式，平台集成商自主发展商业客户，建设与维护业务平台，同时向多个运营商提供业务接入服务。

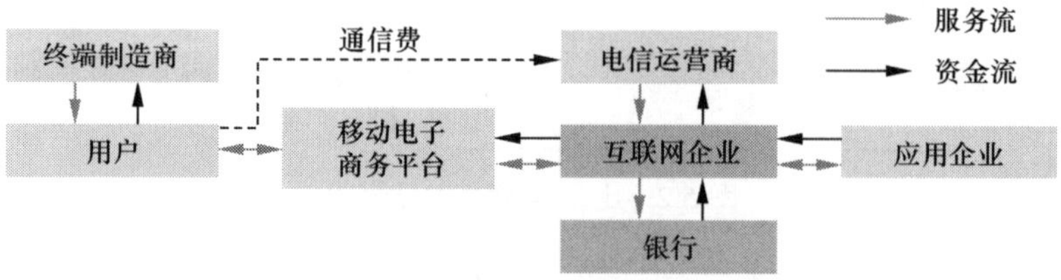

图 5.4　互联网企业主导模式

模式六：发卡行业主导模式。公交等发卡行业在公交IC卡应用中积累了丰富的经验，在开展移动电子商务时与电信运营商、银行合作，有时直接作为业务提供商向用户提供应用。

从我国的当前发展来看，电信运营商和银联争夺移动电子商务产业链的主导权，两者缺乏行之有效的合作模式。其他几种商业模式业务规模较小，影响力比较弱。终端厂商主导的模式是全新的商业模式，能否取得广泛的成功，尚需检验。移动电子商务仍未形成一个健康发展、良性循环的生态环境。针对我国的国情，金融机构在大额移动支付中占据主导地位，拥有较为完备的安全体系、信用体系和强大的数据结算支持，用户对大额移动支付业务的安全性要求极高，对金融机构的信任度远高于移动运营商；电信运营商在开展小额移动支付业务上更具市场效率和竞争优势；电信运营商与金融机构合作才能充分发挥各自的优势，未来电信运营商与商业银行、银联合作将会成为主要的商业模式。

专家观点——专栏3：移动电子商务产业

借鉴日本、韩国经验并考虑差异，我国移动电子商务潜在用户的规模在4亿多户以上。近年的我国移动电子商务交易额，开始呈现翻番增长的态势，未来的年交易额达到千亿元规模已见端倪。但我国的移动电子商务距离爆发式成长，还需要政府主导下各行业融合的主动推动，要解决各方利益协调、相关标准选择、安全保障、布局改造等多个重大问题，从而撬动9亿多移动用户的潜在移动电子商务的巨大势能，开创出我国又一个新兴的高技术服务产业。

移动电子商务产业链主体各方的深入合作，能在快速做大蛋糕的同时，实现各自利益最大化，反之互斥发展将导致国家、百姓、企业三不受益。

移动电子商务是跨行业的较复杂系统，对于这样产业的发展启动阶段来说，最大的障碍莫过于关键产品的技术标准难以形成以及应用主体不清晰。总之，企业看不清楚潜在市场方向的预期规模，担心投资决策面临的巨大风险，导致移动电子商务产业难以推动。行业内的标准可由行业主管部门推进决策，而跨行业的移动电子商务需要能统领多个部委的国家机构来推进决策，必须站得高看得远，能综合国家的利益和各行业利益，最终决策能达到各方满意。

2012年标准决策的解决，将点燃移动支付整个产业链的内在活力，企业在明确的方向中结合自身基础，选择更有利的技术发展策略。可以断定，随着利益之争的清晰化、标准的尘埃落地，撬动手机支付滚雪球式发展的基本支点大体形成。

无线环境的不安全性、信用体系的不健全性、金融交易的复杂性、移动支付面临的多样性，是长期存在的问题。手机支付安全技术的改进，相对利益机制和主体标准决策的解决要容易，相信在近一两年会获得重大的突破。

移动电子商务丰富的有价值的应用，将会不断涌现。而其产业布局除了芯片研制、终端研制以外，还涉及到移动电子商务应用平台的布局建设，更重要的是 POS 机环境的布局。目前 280 多万台联网的 POS 机，还在加快发展，如何适应多种技术标准，是采取添加模块改造，还是新换适应移动电子商务的 POS 机？如何实现机卡设备的一致性，必须早做考虑，如果忽视 POS 机的布局，将可能导致很高的不当投资或延误发展规模。同时，产业链的技术测试也是重要的环节。

上述犹如阿基米德说的“撬起地球的支点”，最终能实现需要跨部门、跨地方的大联合，求同存异，互利互惠，实现共赢，创新发展模式，共同促成移动电子商务产业大发展的局面。

（工业和信息化部电信规划研究院　张志强）

实 践 篇

第六章 中国移动电子商务发展现状

6.1 移动通信和移动互联网发展情况

6.1.1 我国移动用户持续较快增长，3G 进入良性发展阶段

受 3G、农村市场拓展等拉动，2011 年我国移动用户保持较快增长，连续 3 年移动用户年增长超过 1 亿户，截至 2011 年 10 月用户规模达到 9.64 亿户，其中 3G 用户超 1.1 亿户，前 10 月累计 3G 新增用户占比超 60%，渗透率达 11.5%。我国 3G 已步入良性快速发展阶段，3G 用户发展提速，产业链逐渐完善，移动互联网与智能终端的应用普及大幅提升，市场推广力度不断加强。

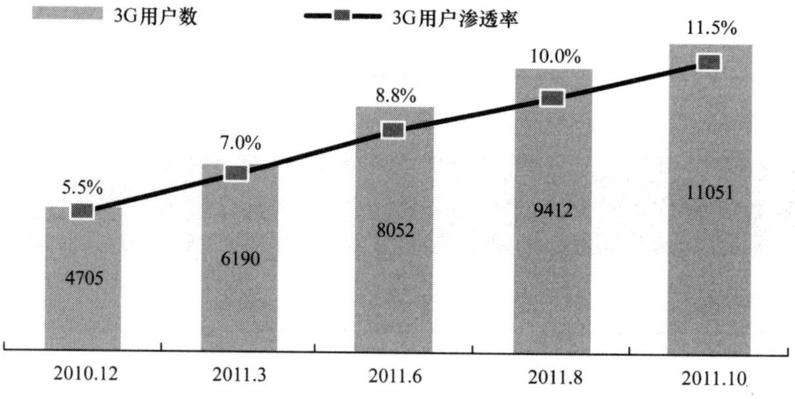

图 6.1 我国 3G 用户发展情况（单位：万户）

6.1.2 我国 3G 手机出货量超 2G，智能手机成为主导

3G 用户发展提速推动终端出货量猛增。2011 年 1～10 月我国 3G 终端出货量达 1.59 亿台，超 2009 年和 2010 年的总和，其中 3G 手机 1.35 亿台，占比超 85%。3G 手机出货量超 2G 手机，智能手机成为主导。2011 年 10 月，我国 3G 手机出货量占比近 53%，首超 2G 手机。2011 年 1～10 月 3G 智能手机出货量占比超 60%，智能终端与移动互联网应用相互促进，成为 3G 业务快速发展的重要驱动因素。

今年我国终端的入网许可证申请大大超过往年，截至 2011 年 11 月，工业和信息化部核发智能手机进网许可证 416 张，核发智能手机进网许可证标志 9703 万枚，同比分别增长 114.4% 和 166.7%，智能手机市场份额达到 24.1%。

6.1.3 数据流量大幅提升，移动互联网业务蓬勃发展

根据中国互联网络信息中心（CNNIC）的调查，截至2011年6月，我国手机网民规模3.18亿户，占总体网民的65.5%，占比持续提升，随着规模的扩大，增速开始放缓。随着3G、移动互联网、物联网等业务应用蓬勃发展，移动互联网接入流量快速上升，单月流量超5000万G，2011年前10月累计同比增长超34.5%。

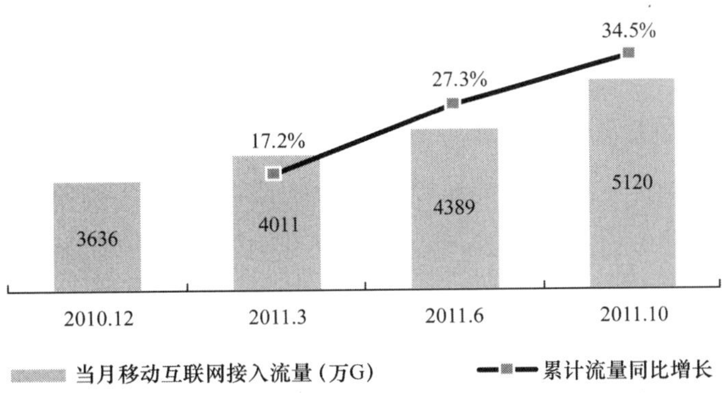

图6.2 我国移动互联网接入流量及增长率

2011年微博、应用商店等应用持续快速增长，微信/米聊等语音通信、手机支付、无线城市等应用高速兴起，各方主体积极参与，移动互联网业务应用生态圈逐渐完善。

表6.1 2011年移动互联网业务应用发展情况

微博	● 2011年上半年，我国微博用户激增1.32亿，达1.95亿，增长208.9%，增速排在各类互联网应用首位；手机网民使用微博的比例达34.0% ● 2011年上半年新浪微博、腾讯微博的注册用户均超过2亿户
微信、米聊、移动商场等	● 国内基于手机通信录跨平台的类kik应用已超过40款，包括微信、米聊、飞豆、有你等 ● 至2011年10月，微信的注册用户超过3000万，米聊注册用户达700万 ● 移动商场（Mobile Market）运行良好，1～9月累计下载量4.2亿次，累计总用户12823.8万，活跃用户数12114.7万人
无线城市	● 国内多数省启动无线城市群建设，截至2011年10月底，中国移动已经和26个省市、160多个城市签署了无线城市合作协议，22个省市近150个城市平台已经建成，业务运用超1万个，客户超600万；中国电信、中国联通也积极开展无线城市建设 ● 继续推进3G、WLAN等无线宽带网络建设，截至9月底，3G基站规模达到77.15万个，运营WLAN接入点（AP）规模超过200万个

6.2 电子商务和移动电子商务发展情况

6.2.1 网络经济快速发展，电子商务成为热点

根据《中国网民电子商务行为研究报告》，截至2011年9月底，中国网络经济突破740亿元，市

场前景一片大好。随着互联网应用的普及，开展电子商务以及网络营销已经成为企业商务往来的重要方式，目前我国中小企业中电子商务及与网络营销相关的互联网应用的利用率已达到42.1%。

随着我国经济的快速发展和国家对企业信息化的大力支持，电子商务近年来有着飞速的发展。根据中国电子商务研究中心数据显示，截止到2011年6月，中国电子商务市场交易额已达2.95万亿元，据商务部预计，未来我国电子商务交易额将保持年均20%以上的增长速度，2015年将达到12万亿元的规模。得益于智能手机的普及，以及传统的互联网企业向移动业务的积极拓展，移动互联网市场份额快速上升，移动互联网在整体网络经济占比持续提升。

从整个网络经济的发展来看，电子商务市场的增长，主要源于网络购物和旅行预订市场的强劲增长。移动互联网市场的增长，主要源于传统电商企业快速拓展移动业务以及移动支付的快速推进。随着移动电子商务、各种移动广告和游戏等移动网络经济重要细分市场的快速增长，移动网络经济在整体网络经济的占比将持续扩大。

网络购物应用发展迅速，团购等新的商务模式相继诞生并得以茁壮成长。根据中国互联网信息中心（CNNIC）第28次互联网调查，2011年上半年网络购物使用率提升至35.6%，其中团购应用发展势头迅猛，增长率达到125.0%，用户达到4220万人，使用率从4.1%提升到8.7%，网上银行和网上支付用户规模持续增长，达到1.53亿。随着第三方支付牌照的发放和日益规范，我国第三方支付快速增长，据易观市场监测数据，截至2011年9月，中国第三方互联网在线支付市场交易规模达到14225亿元，同比增长超过95%，预计全年国内第三方支付市场的规模有望达到17886亿元。

6.2.2 移动电子商务发展快速，手机支付增长潜力巨大

我国庞大的移动用户和移动互联网的快速发展为移动电子商务的发展提供了强大的动力，有着巨大的发展潜力。随着3G网络建设和用户发展步入良性通道，企业、消费者对移动电子商务应用的需求随之攀升，现代商业向3G移动互联网平台迁移已成为大势所趋。

根据艾媒咨询（iimedia research）调查研究数据显示，中国手机用户的增加，以及3G技术的成熟与推广，物联网构建和逐步付诸实施，为我国移动支付产业的发展创造了良好的条件。手机具备终端和联网的双重属性，可以充分满足用户的便捷支付的需求，而且近距支付在热点细分市场的推广，使得手机支付用户规模大幅提升。手机支付在中国将有广阔的市场前景，并将迎来井喷式发展。2010年中国手机支付用户规模突破1亿户，达到了12380万户，同比增长77.4%，并预测2011年底用户规模将突破2亿户，到达22360万户，2013年中国手机支付用户规模将超过4亿户。

据中国电子商务研究中心监测数据显示，截止到2011年6月，中国移动电子商务实物交易规模（实物交易规模包括：家电、日用品、服饰等实体商品的交易总额）达到65亿元，保持了快速增长的趋势，预计年底将达到130亿元，2012年达到380亿元。

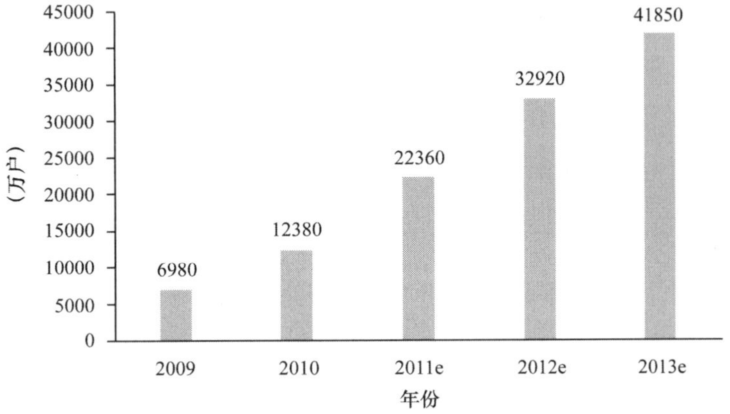

图 6.3 2009—2013 年中国手机支付用户规模及增长预测

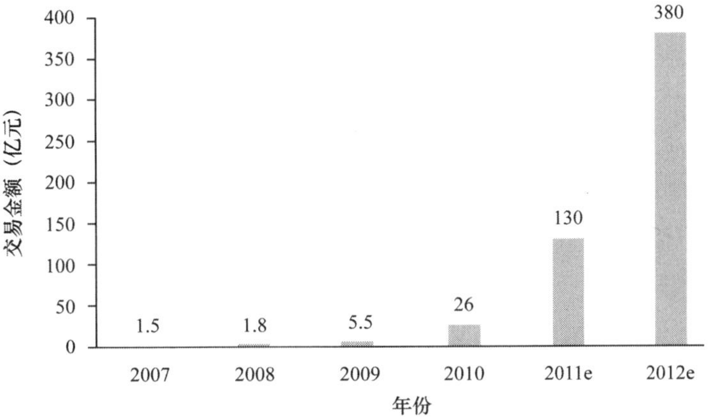

图 6.4 2007—2012 年中国移动电子商务交易规模

6.2.3 移动支付成为三大产业发展和融合的助推器

我国电信产业、移动互联网产业和金融产业利用自身的优势，选择移动支付服务为切入点，极大推动了三大产业的发展和融合。传统电信产业利用网络优势和服务管理平台优势，从通信领域向金融服务领域迈进。移动互联网利用良好的技术能力和业务提供能力，满足用户支付需求，开发长尾市场。金融企业利用良好的账户管理能力、资金清结算能力，提供便利、快捷的金融服务。

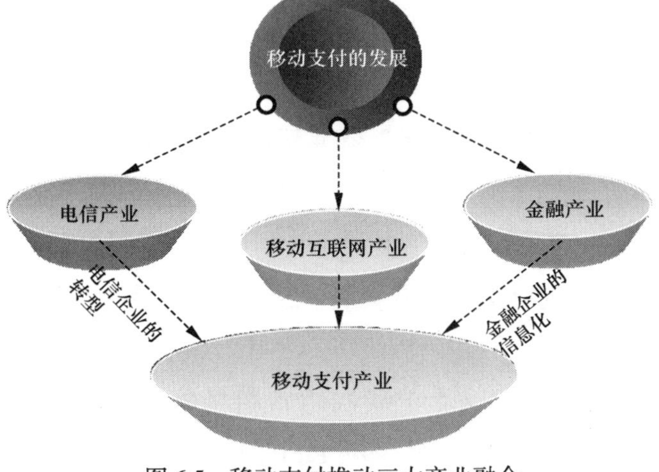

图 6.5 移动支付推动三大产业融合

6.3 中国移动电子商务发展基本特点

我国移动电子商务正呈现出良好的发展势头，企业应用成为移动商务发展的热点，呈现出广泛渗透、规模扩张的特点。随着移动通信新技术的不断发展，以及政策环境的不断优化，移动电子商务发展已经成为了潮流和趋势。目前我国移动电子商务的发展具有以下特点。

1. 以移动支付为基础的移动电子商务产业链初步形成

移动电子商务的发展需要硬件制造、软件集成、运营支撑等众多合作伙伴的协同参与。通过国家移动电子商务试点示范工程的开展，围绕中国银联和中国移动等电信运营商，以及大型的移动电子商务服务提供企业，已聚集了一批有实力的合作伙伴，商业合作模式已基本建立，国内自主的移动电子商务产业链已初步形成，相关企业的技术能力和业务服务水平不断增强，在促进服务产业发展的同时，拉动了这一新兴领域制造产业的发展。

在硬件制造方面，包括国民技术、泛在等一批芯片厂商配合中国移动推出了 2.4G 的 RFID-SIM 芯片，成为全球第一个穿透手机终端的射频技术。在 SIM 卡制造方面，柯斯、东信和平等卡商，完成了通信芯片和射频芯片的集成、RFID-SIM 卡的封装和底层操作系统开发。在 POS 终端机方面，百富、中钞、南天等 POS 厂商，集成了 2.4G 高频读头，完成了 POS 终端的封装和软件开发。

在软件集成方面，全网手机支付账户、全国密钥管理中心、全国 SIM 卡多应用管理接入系统等平台都由高阳、结行等专业第三方支撑方搭建维护；在应用开发方面，手机支付在各类商户受理业务，需要将不同业务接入，由国内应用开发商协助，各省分别建设了业务管理平台。

在运营支撑方面，商户拓展商负责协助各省进行商户的定位、谈判、接入和关系维护；POS 服务商协助各省进行商户 POS 的安装、培训、耗材补充、纠纷处理和软硬件维护。随着各项试点应用的上线运行，运营支撑服务商的能力得到了明显增强。

2. 各种商业模式并存，多方积极参与

目前，移动电子商务主流的 4 种商业模式以电信运营商主导、以金融机构主导、以第三方服务提供商主导、运营商和金融机构合作主导在我国并存。

我国主要商业银行发展的“手机银行业务”都属于远程支付业务，如中国工商银行与中国移动合作、中国建设银行与中国联通合作、中国招商银行与中国移动合作等，提供基于 SMS、WAP 等接入方式的手机银行业务。从 2008 年下半年起，中国银联与上海瀚银科技联合推出“手付通”业务，从只支持远程支付的“手付通”向现场支付领域发展。2010 年，“手付通”进入大规模试点阶段，试点区域扩至上海、山东、宁波、湖南、四川、深圳等六省市，涵盖百货、超市、宾馆酒店、餐饮娱乐、电子数码等领域。今后，中国银联计划采购的新款 POS 机将全部支持“手付通”，并且计划近 2 年内逐渐统一更换 POS 机，将加上频率为 13.56M 赫兹 RFID 的信号受理端。

三家电信运营商为了开拓新蓝海，积极部署自己的移动电子商务发展计划，特别是针对移动支付的相关应用。

中国移动起步较早，2005 年开始在厦门、重庆等地进行近场通信移动支付试点试验；2006 年在湖南建立移动电子商务基地，全网手机支付平台上线运行；2010 年由 RF-（U）SIM 全卡方案转向近场通信全终端方案，此时 RF-（U）SIM 全卡用户规模达 20 万用户；2010 年 3 月注资浦发银行，共同发展移动支付业，2011 年 7 月中国移动成立支付公司“中移电子商务有限公司”。从 2009 年 9 月起，中国移动在湖南、重庆、上海、广东、湖北、福建、浙江、北京、吉林、内蒙古等 10 个省 / 市开始全面部署试商用手机支付业务，并从 2010 年起，将移动支付业务列入集团 KPI 考核体系，使之成为重点推广业务，提高移动用户粘性，在上海世博、广州亚运中手机支付成为亮点业务。

中国电信移动支付起步较晚，以 NFC SWP 方案为目标，将双界面卡技术方案作为过渡方案，同时在某些应用中采用 RF-（U）SIM 全卡方案。2009 年 11 月中国电信成立了移动支付产品项目组，将移动支付产品开发作为集团公司重点开发产品之一，部署移动支付产品开发和平台建设工作。2010 年 2 月上海电信首先推出翼支付产品，然后开始在全国内蒙古、浙江、北京等 17 个省 / 市试点“翼支付”业务，2011 年 3 月中国电信成立支付公司“天翼电子商务有限公司”。

中国联通试点试验移动支付以 NFC SWP 方案为主，同时在某些应用中采用双界面卡或 RF-（U）SIM 全卡方案。2007 年开始与银联、银行等合作，在北京、上海、广州、重庆等城市进行移动支付试验；在河北、湖北等省份校园和企业进行移动支付试点，2009 年 4 月份与长虹、七喜等厂家合作定制手机，采用 NFC 技术，通过定制在机器内或手机贴卡（挂坠）的方式实现刷手机消费。2009 年 11 月 30 日，中国联通与中国银联签订协议，确定环讯支付公司为移动支付合作伙伴，用户可用移动支付购买充值卡、电话卡、3G 上网卡、手机终端等，从 2010 年下半年开始，在全国铺开包括缴纳水电费、信用卡还款等在内的多种移动支付业务。2011 年 4 月中国联通成立支付公司“联通沃易付网络技术有限公司”。

3. 关键技术取得突破，自主创新能力增强

2009 年 4 月，在工业和信息化部信息化推进司与中国移动通信研究院推动下，成立了国家移动电子商务研发中心。按照自主创新，努力形成自主可控的知识产权，完善国家移动电子商务相关技术标准体系的要求，国家移动电子商务研发中心针对 RFID 相关技术进行了深入研究，自主突破了其中的多项关键技术。如：面向移动电子商务应用的空中下载和动态管理问题，研发提出了多应用协议框架；完成了支持 RFID 功能及现场脱机支付功能的 POS 机具的设计；形成了完善的安全技术体系；还解决了 RFID 集成在小面积芯片上的技术难题，攻克了射频信号无法穿透手机的技术壁垒，同时又确保安全可靠，是拥有国内自主知识产权的创新型技术，也是在全球范围内首创的技术。

同时，研发中心还制定了一系列手机支付平台规范、卡片及 POS 规范、安全规范及其他相关业务和技术规范等，为平台建设和产品开发提供了全面支撑。

4. 政策环境不断改善

2007 年，发改委与原国务院信息办联合发布《电子商务发展“十一五”规划》，其中“移动电子商务试点工程”作为六大重点引导工程之一。规划中明确指出“鼓励基础电信运营商、电信增值业务服务商、内容服务提供商和金融服务机构相互协作，建设移动电子商务服务平台”、“发展小额支付服务、便民服务和商务信息服务，探索面向不同层次消费者的新型服务模式”。

2007 年 6 月开始，原国务院信息办开始组织实施该项工程，率先与中国移动通信集团公司组成了联合工作组，编制了《国家移动电子商务试点示范工程总体规划》（V9.0），确定了转变经济发展方式、方便百姓生活和带动战略产业发展三大目标，依托中国移动通信研究院建立了国家移动电子商务研发中心，并批准在湖南省、重庆市、广州市开展移动电子商务的试点工作。

为了推动移动电子商务的健康发展，各省市都制定了相关的发展规划和指导意见，为移动电子商务的开展提供制度保障。湖南省制定了《湖南省人民政府关于加快移动电子商务发展的意见》和《湖南省移动电子商务发展规划》。重庆市政府正式发布了《重庆市移动电子商务发展规划》。广州市政府印发了《广州市创建国家移动电子商务试点示范城市行动方案》。福建省出台了《关于加快福建省移动电子商务发展的实施意见》。这些政策措施的出台为移动电子商务试点工作营造了良好的政策环境。

中国人民银行于 2010 年 6 月和 12 月分别发布了《非金融机构支付服务管理办法》（下简称《办法》）和《非金融机构支付服务管理办法实施细则》（以下简称《实施细则》）。《办法》主要规定非金融机构支付服务市场准入条件和人民银行关于“支付业务许可证”实行两级审批程序；同时规定支付机构在规范经营、资金安全、系统运行等方面应承担的责任与义务等。《办法》和《实施细则》的出台从法律层面解决了对于第三方支付机构的合法性，为规范非金融机构的支付服务、防范市场风险营造了良好的环境。

2011 年，对于第三方支付管理来说，是一个尤为关键的年份，第三方支付牌照正式发布。中国人民银行在今年 11 月份前陆续发放了 40 张“支付业务许可证”，年底又发放第三批。通过发放第三方支付牌照，赋予第三方支付企业合法的地位，把第三方企业正式纳入到国家的政策监管体系下，有利于第三方支付行业朝着更加规范、健康、安全的方向发展。

5. 应用逐步拓展，初见成效

目前国内移动电子商务在社会生活和经济领域的多个行业正在试点应用。

各省市面向社会生活领域开展了丰富多彩的试点应用，极大地方便了百姓日常生活。在公共交通、公共事业缴费、消费购物、一卡通、电子票务、旅游、金融、医疗、教育等领域开展了多项试点应用，为百姓的日常生活带来了诸多便利。基于 RFID 的非接触式手机现场支付方便、快捷，用户无需签单、无需输入密码，一刷即可完成小额支付。通过公共事业缴费应用，用户足不出户即可完成水、电、煤气费、有线电视费、手机话费缴纳等日常操作；通过一卡通应用，用户可以通过手机完成停车、门禁、物业缴费、社区消费等多项活动。这些试点应用正在改变着百姓的衣食住行等生活方式。

面向当地经济发展的现实需求开展的试点应用，改变了传统经济活动方式，提高了经济运行效率。各省市根据当地经济社会发展的特点，面向工农业生产、安全生产管理、生产性服务业、中小企业、专业市场等领域开展了多项试点应用，在改变经济活动形式、提高经济效率中发挥了明显作用。湖南省成功探索了农业移动电子商务的运作模式，创建了以农户项目小额信贷为基础、资金体系封闭运行的资金归集模式，对改进农业生产组织模式和形成现代农村流通新体系发挥了积极作用。重庆市和广州市开展了基于M2M技术的特种设备安全监控，电梯监控产品的应用有效提高了电梯安全管理水平。广州市针对中小企业信息化推出了20多个行业应用，开展了专业市场的移动电子商务平台建设，极大地促进了中小企业信息化水平的提高和传统专业市场的改造升级。随着各类试点应用不断成功上线运行，移动电子商务正在为转变经济发展方式起到更加现实的作用。

6. 手机支付标准有望统一，跨行业合作初显端倪

随着移动通信的快速发展，金融行业信息化水平的不断提高，以及RFID技术的显著进步，产生了以移动支付为代表的全新的融合类业务，并成为移动电子商务的重要组成部分。移动支付业务一方面为广大消费者提供了更加便捷、安全的支付方式，另一方面也丰富了银行企业、商家和电信运营企业的业务模式。正因为如此，以各银行为代表的金融业、以运营商为代表的电信业和其他产业链上下游都非常关注这一业务，基于不同标准，开展了一系列的试点工作。在实际发展过程中，由于标准不统一已产生了一系列的问题，如：产业难以形成规模、应用成本高、资源难以共享、业务难于推广等，使整个移动支付产业的发展面临诸多挑战。

2010年下半年开始，工业和信息化部与中国人民银行成立联合工作组，三大电信运营商、中国银联等相关单位共同研究制定移动支付的标准问题，研究和推进进程不断加快。工业和信息化部2011年正式启动了移动支付标准制订工作，其中基于13.56MHz与2.4GHz频率的选择成为最大的焦点，有望两种标准共同成为国家标准，预计2012年上半年将发布移动支付标准最终定稿。随着标准制订工作的稳步推进，表明跨行业、跨部门合作，共同推进移动支付产业发展的形态已经呈现，并逐步形成。

6.4 中国移动电子商务存在的问题

我国移动电子商务经过前期的试点探索和市场培育，已经具备了良好的发展基础和条件，呈现高速发展的可喜局面，但也应该看到，移动电子商务实现规模发展和进一步的突破，仍面临诸多难题，存在着诸多制约因素。

1. 业务种类有待丰富，应用层次需要深化

目前的应用还主要集中在社会生活领域，以小额支付为主，行业应用还处在探索或者试点推广阶

段，以市场化推动和行业需求为核心的业务应用良性发展形态还没有形成，供需结合还不够紧密。移动电子商务业务应用需要坚持面向经济活动和社会发展的现实需求，进一步加大应用产品创新力度，扩大移动电子商务的应用范围，特别是在工农业生产、流通领域的深化应用，发挥移动电子商务优势，形成规模效益，促进工业和信息化的深度融合，服务经济发展方式转变、实现经济结构调整的大局。

2. 统一的技术标准和业务规范急需建立

目前国内移动电子商务还没有形成行业统一的标准规范，很大程度上限制了移动电子商务的推广和规模应用，对移动支付乃至移动电子商务产业的发展造成了一定阻碍。如产业链上各类生产企业在产品设计制造上没有标准可依，实现方式多种多样，产品质量良莠不齐，支付的可靠性和安全性就无从保障等等。随着应用不断丰富、规模不断扩大，急需尽快制定相应技术标准和业务规范，便于用户跨行业使用和漫游，降低应用的门槛，减少行业发展不必要的内耗。相关政府部门也需要加强协调，促进行业尽快建立有利于移动电子商务有序发展的统一标准规范。

3. 移动电子商务面临更加复杂的安全问题

移动电子商务相对于传统电子商务存在更多的安全问题。无线网络本身的开放性带来了窃听、攻击和盗取密码等的不安全隐患，手机软件病毒造成的安全威胁呈上升趋势。互联网脆弱性、无线环境的不安全性、信用体系的不健全、金融交易环节的复杂性，移动电子商务所面临的安全问题将长期存在，也是制约移动电子商务发展的重要因素。

4. 行业发展需要进一步加强部门协作

移动电子商务拥有一个庞大的产业链，产业主体较多，其商业模式创新特性，更增加了产业链的复杂程度，其涉及的产业融合，包括银行系统、移动电信运营商，不同行业部门及其他的产业链环节。业务要由不同行业、多个单位合作开展，而不同行业、不同单位的信息化水平及合作意愿、以及不同地区的文化差异均对项目成败有重要影响。由于目前存在的跨行业合作的障碍，对移动电子商务的大规模社会化应用造成困难，跨行业和部门协调将是行业发展以及行业监管一项长期和艰巨的工作。跨行业合作需要在强化政府部门协调、完善产业链协作发展，建立商业合作伙伴利益分享机制等方面加大探索和创新力度，通过完善相关制度和法律法规，实现各方共赢、和谐发展。

5. 资源组织与品牌整合急需加强

目前，移动电子商务的业务还比较分散，像公用事业缴费类业务，由于缺乏统一品牌、统一接入代码和统一的操作流程，用户往往需要接受大量不同的信息与操作方式，在很大程度上影响了业务推广。不但电信运营商内部的资源急需整合，而且跨行业、跨部门的资源组织都有待深化，需形成统一的业务服务提供平台，为大规模业务推广和应用提供基础保障。

6. 社会认知尚显不足，用户消费习惯有待进一步培养

我国移动电子商务应用人群快速增长，应用领域日益广泛，但移动电子商务作为商务活动的一

种新形式，在目前移动用户中清楚移动支付流程的不到 1/3，市场应用推广还需要一个不断认知的过程，全社会对移动电子商务的应用感知还需要进一步深化，面向市民和企业的宣传推广仍需要进一步加强。另外，同我国庞大的移动手机用户和市场相比，在移动电子商务消费层次和规模方面，与欧美、日韩等发达国家相比，还有很大的差距，使用的人群比例和交易金额还处于较低水平，用户尚未形成普遍的移动电子商务使用习惯，还需要加强宣传和培育。

7. 业务发展与产业推动尚没有形成良性互动

我国移动电子商务发展还处于起步阶段，产业发展远滞后于服务应用发展，还相对比较薄弱。大部分省市尚没有明确的移动电子商务技术和产业发展方向，移动电子商务产业链各方也大多处于观望状态，同时，移动电子商务发展商业模式的不稳定性，导致产业链上下游难以建立稳定的共赢机制，产业各方难以形成合力。我国实现移动电子商务业务应用和产业协同发展，做大做强移动电子商务这个新兴产业领域，还有较长的路要走，需要政府、企业以及产业链各方的共同努力，要进一步提升移动电子商务的战略地位，加强与其他产业的融合，加大市场开发和资源投入。

8. 缺乏系统的发展指标和评价体系

移动电子商务作为一个新兴领域，前期主要处于试点探索阶段，尚没有形成系统和完整的发展指标体系，随着移动电子商务规模发展，这方面的需求与日俱增。我国有必要借鉴国外做法和电子商务方面的发展指标体系，结合移动电子商务自身特点和发展趋势规律，研究建立完整、独立、体系化的移动电子商务发展指标和评价体系，客观、科学、合理反映我国移动电子商务的真实状况，为整个行业市场的健康发展和政府的政策制定提供基础依据，引领移动电子商务快速、健康、和谐发展。同时，在建立完善的移动电子商务发展指标和评价体系的基础上，需要将移动电子商务发展监测和统计纳入日程工作，及时向社会发布相应情况，服务整个行业。

第七章　中国移动电子商务发展环境分析

7.1　网络基础环境

2011 年以来，中国的通信网络基础环境更加成熟，3G 网络逐渐完善，网络能力及服务质量逐步提高。我国物联网产业体系已基本形成，部分领域已形成一定市场规模，与物联网相关的设备和服务尚在起步。

7.1.1　我国 3G 网络发展情况

3G 基站建设和投资稳步推进，网络能力及服务质量逐步提高。截至 2011 年 6 月底，我国境内 3G 基站总数达到 72.7 万个，比 2010 年底增长 10.3 万个，6 月增长 1.3 万个。2011 年三家电信企业计划 3G 投资总额为 1265 亿元，1～6 月 3G 投资总额达到 519.04 亿元，截至 6 月份，3G 累计投资达到 3191 亿元。根据运营企业相关数据，我国 3G 网络的接通率、掉话率和与 2G 网络的切换成功率分别达到 97.42% 以上、0.46% 以下和 97.98% 以上。

网络优化力度逐步加强，优化效果明显。为减轻 GSM 网络负载，提升 TD 网络利用率，中国移动与华为在全国 10 多个城市实施 GSM/TD 网络分流解决方案，以提升 TD 终端在网率和 TD 网络业务流量，促进 T/G 两网的和谐发展。中国联通在京沪高铁沿线计划新建移动基础设施 677 个（主要是 3G 基站），针对在列车高速移动中出现的部分路段脱网、掉话、不能正常呼叫等现象，中国联通进行了位置区数据调整等网络优化工作，减少高铁的位置区更新频次，提开客户的感知度。

3G 网络将成为未来移动电子商务的主要承载平台，促进应用和业务的快速发展。

7.1.2　我国物联网的发展情况

我国物联网产业整体处于初创阶段，物联网产业体系处于完善之中，已基本形成齐全的物联网产业体系，具备了一些分散孤立的初级产业形态，尚未形成大规模发展。部分领域已形成一定市场规模，网络通信相关技术和产业支持能力与国外差距相对较小，传感器、RFID 等感知端制造产业、高端软件与集成服务与国外差距相对较大。仪器仪表、嵌入式系统、软件与集成服务等产业虽已有较大规模，但真正与物联网相关的设备和服务尚在起步。物联网相关产业体系主要包括服务业和制造业两大范畴，如图 7.1 所示。

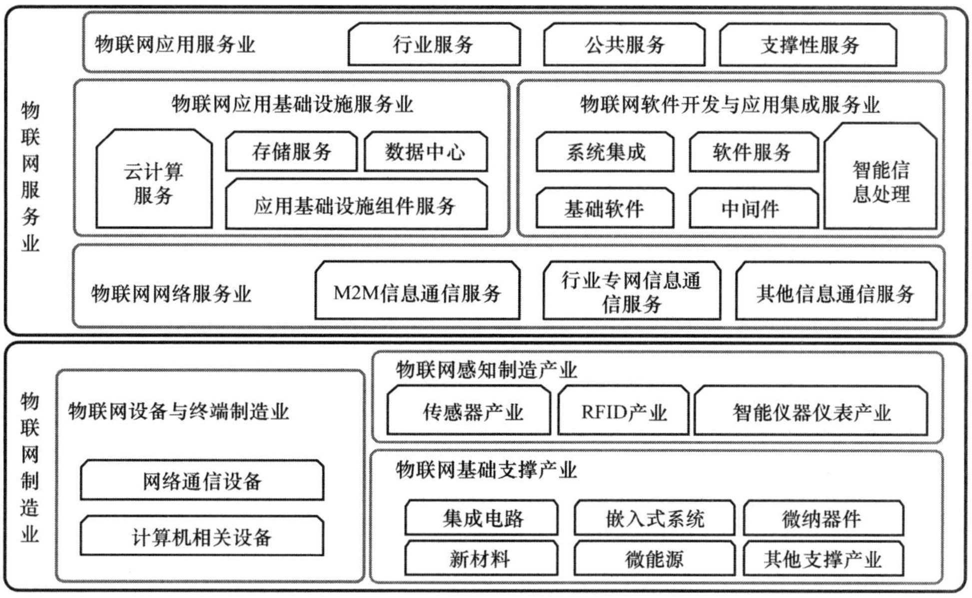

资料来源：工业和信息化部电信研究院

图 7.1 物联网产业体系框图

传感器产业：我国已建立了较完整的敏感元件与传感器产业，产业规模稳步增长。2010 年传感器的总销售额达到 3500 亿元以上。形成了以长三角为主，及珠三角、京津、中部和东北等城市组成的空间布局。

RFID 产业：形成了 RFID 低频和高频的完整产业链和以京、沪、粤为主的空间布局，中国 RFID 产业预计 2011 年规模可超过 160 亿元；我国低频和高频段 RFID 技术相对成熟，超高频和微波频段产业链与国外技术差距较大，超高频、有源 RFID 等领域还没有形成整体产业能力。

仪器仪表与测量控制产业：仪器仪表产业连续多年实现 20% 以上的增长，2010 年产值超过 6000 亿元，企业数约为 5000 多个，小型企业数量占比达到 90%，主要集中在电力、交通、安防、环保、安全等应用领域，未来将随着物联网应用发展而向高端制造转型。

物联网网络通信服务业：物联网 M2M 网络服务保持高速增长势头，目前 M2M 终端数已超过 1000 万，年均增长超过 80%，应用领域覆盖公共安全、城市管理、能源环保、交通运输、公共事业，农业服务、医疗卫生、教育文化，旅游等多个领域，未来几年仍将保持快速发展，预计“十二五”期间将突破亿级。

云计算基础设施服务业：云计算是物联网应用基础设施服务业中的重要组成部分，国内云计算商业服务尚在起步，SaaS 已形成一定规模，而真正云计算意义的 IaaS 和 PaaS 商业服务还未开展。

物联网相关软件开发与集成服务业：物联网应用所需的软件高端综合集成能力，特别是软件与各行业的业务流程深度融合和集成整合能力，我国与国际领先企业差距很大，总体上处于产业链低端。

物联网应用服务业：整体上我国物联网应用服务业尚未成形，已有物联网应用大多是各行业或企业的内部化服务，未形成社会化、商业化的服务业，外部化的物联网应用服务业还需长时间的市场培育，并需突破成本、安全、行业壁垒等一系列制约。

我国物联网政策环境良好，产业环境建设正处于起步阶段。我国尚未形成真正意义的物联网产业形态和爆发点，物联网有形成巨大市场的潜力，但潜在空间转化为现实市场还需要较长时间培育，关键点是通过技术和应用创新形成新兴业态和新增市场。

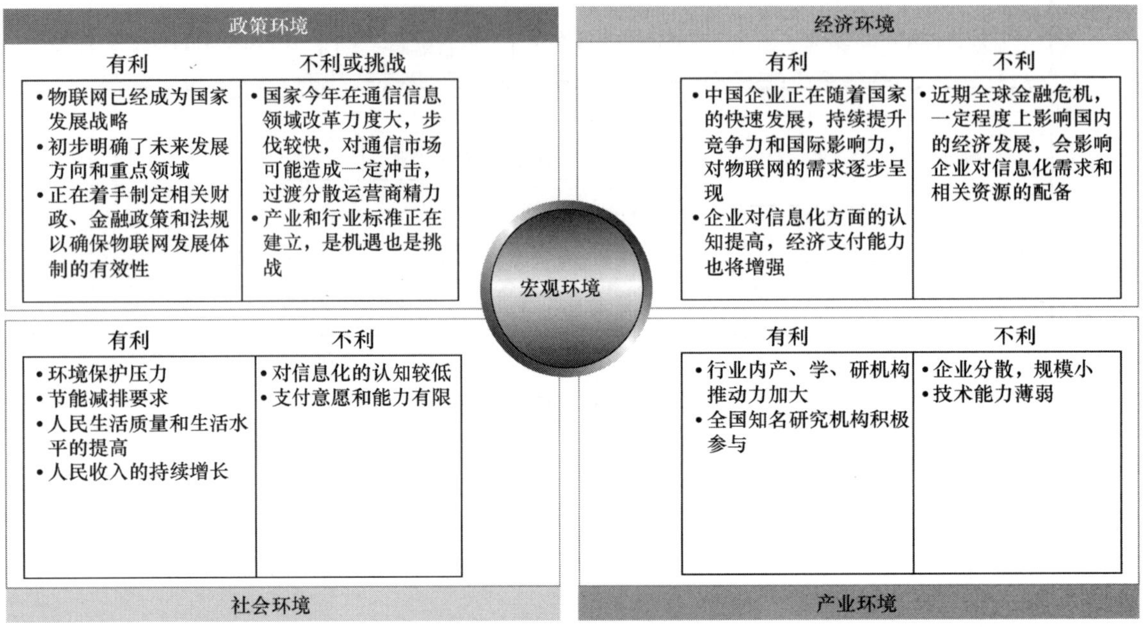

图 7.2　我国物联网发展环境分析

中国移动、中国电信、中国联通三家运营商作为物联网产业和业务发展的主体，积极布局，在公共事业、能源、交通物流、工业生产、农业、建筑、金融等行业已经形成了一系列的应用，并不断推向深入。

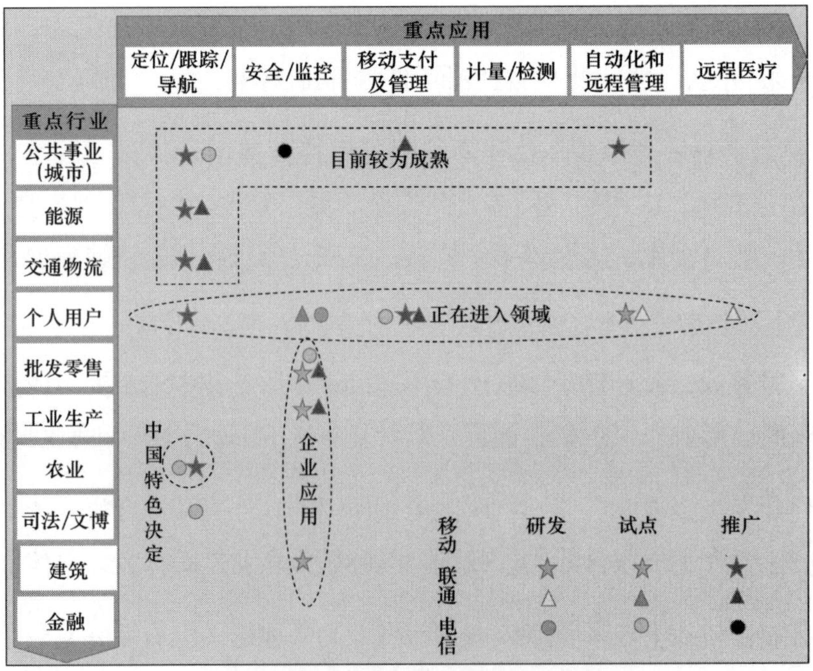

图 7.3　我国电信运营商物联网应用发展分析

预计，“十二五”期末我国物联网相关产业规模将达到5000多亿规模，而真正可能形成万亿级规模的时间节点预计在“十三五”后期。物联网的发展同时也将促进移动电子商务基础设施及相关产业的发展。

7.1.3 我国移动互联网的发展状况

我国移动互联网发展在总体上仍然处于产业的初级阶段，产业形态、格局逐步清晰。在关键的终端操作系统、终端核心芯片、移动Web技术方面基本处于追随状态；大量的移动互联网典型应用，如微博客、移动视领、移动电子商务还刚刚兴起；用户应用范围相对局限，大规模产业布局尚未出现。但移动互联网蓬勃酝酿态势已经十分明显。中国企业在操作系统、跨平台应用软件、芯片等关键技术领域已经开始突破。截至2011年第三季度，我国手机上网用户达到4.15亿，占全国互联网用户的66.2%。其中，仅用手机上网的用户为4300万，占互联网用户的10%，应用商店应用数量超过10万。随着3G网络和智能终端的成熟和普及，互联网企业的移动化转型，我国移动互联网产业将在未来2年内出现质的飞跃，成为具有实质意义的重量级产业。据预测，2013年手机网民数量将超过电脑网民。

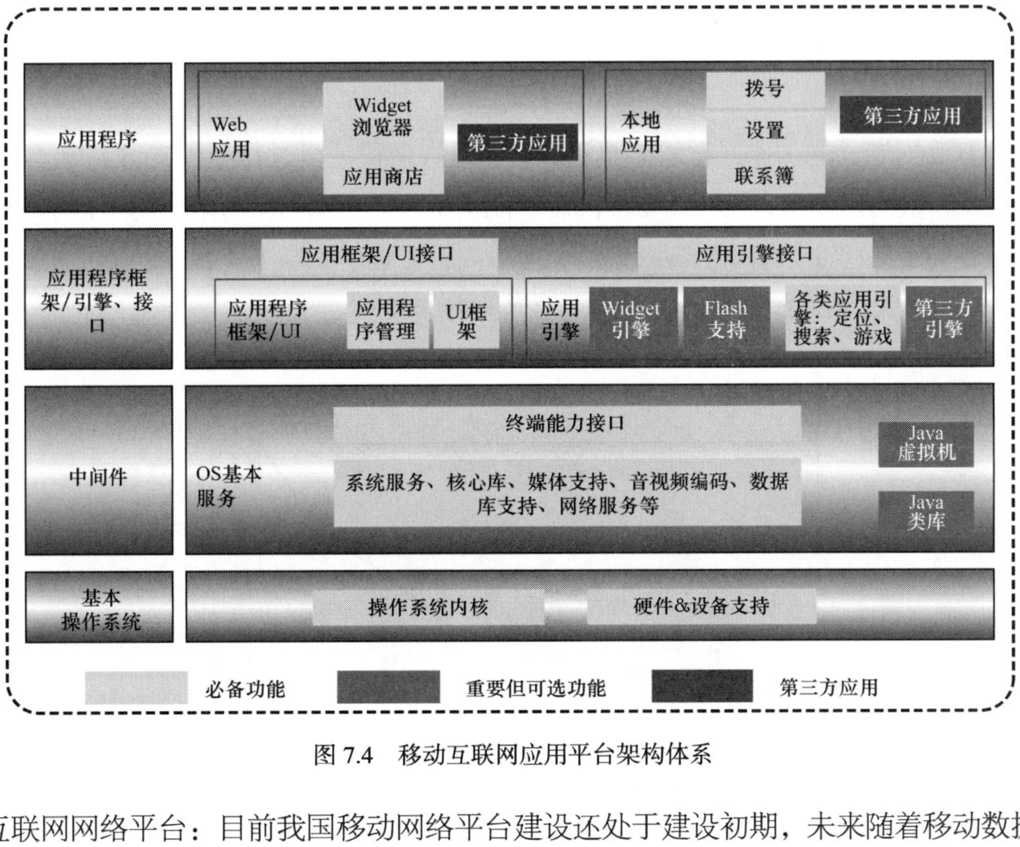

图7.4 移动互联网应用平台架构体系

移动互联网网络平台：目前我国移动网络平台建设还处于建设初期，未来随着移动数据流量的爆炸式增长，网络平台还有更大的发展潜力。国内运营商已然意识到无线接入网络运维的巨大挑战，正积极布局并加快网络建设升级，加快移动网络宽带化进程。

移动互联网应用服务：移动互联网应用服务有较好的发展基础。应用服务本土化优势明显，新的应用服务模式不断涌现，运营商加快向移动互联网转型，我国产业各方积极参与，应用商店全线铺开，移动支付产业和服务链逐步完善，这些都推动移动电子商务迈向正轨。移动互联网已经形成完善的业务体系。

7.1.4 终端发展环境

7.1.4.1 我国智能终端的发展情况

提供完美的移动互联网体验、大屏智能触控终端将成为终端市场的主流，电子商务应用将成为智能终端的主要业务。中国智能手机终端数量快速上升，2011年国内智能手机的销售量接近1亿部，市场渗透率超过20%。智能手机终端逐步成为市场主流，近八成用户将智能手机作为下一部手机的购买对象。从智能手机操作系统市场来看，Android系统增长明显，截至2011年6月，Android手机数量已经达到223款，其用户关注度达到42.4%，相比去年增长约28%，超越symbian系统成为用户最多的智能手机操作系统，其他主流手机操作系统：symbian、苹果MacOSX/iOS、微软windows Mobile/Phone7、黑莓Blackberry OS等也加快市场布局。2011年6月，支持触控操作的智能手机数量达到492款，占据智能手机市场近八成比例，3.2英寸以上大屏智能手机产品则占据33.7%的比例。

随着移动互联网渗透的加速，智能终端的日益普及，使用手机进行手机支付、电子交易、上网、娱乐、阅读的用户数与日俱增，用户体验提高。智能手机作为终端与服务融合的平台基础，商务应用与娱乐应用将成为未来移动终端与服务融合的主要方向，市场潜力巨大。我国智能手机的规模将出现爆发式增长，预计2012年渗透率将达到22%，2015年预计达到80%。

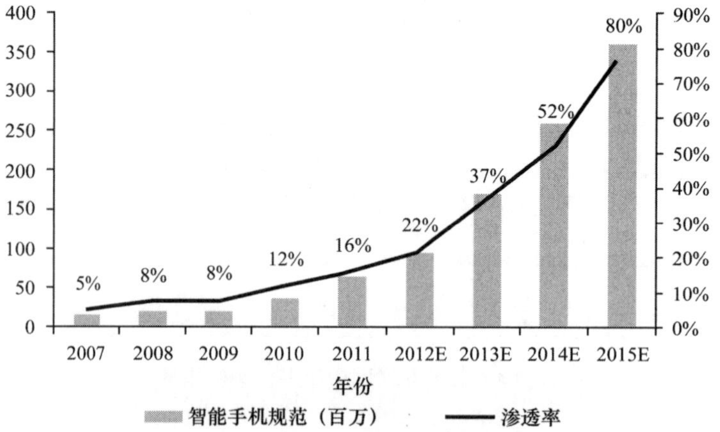

图7.5 我国移动智能终端发展情况

7.1.4.2 我国POS机终端发展情况

社会信息化进程不断推进，金融信息化、电子支付的逐渐深入，居民消费水平和银行卡消费金额持续增长，促使我国终端 POS 机需求数量快速上升，POS 机应用范围不断扩大，已经成为商家必不可少的工具。截至 2011 年底，中国联网 POS 数量约为 380 万台，其中超过 60 万台将支持非接触支付，相比 2010 年的 333.4 万台，年增长 14%，中国每万人拥有 POS 机约为 27 台，仍处于较低水平。

随着移动支付持续升温、金融 POS 机企业第三方收单业务的拓展、非接触式小额支付成为热点，未来几年 POS 机终端市场将继续保持较快增长态势，平均增长率将达到 40% 以上。预计 2015 年，POS 机总规模将达到 2000 万台，城镇和农村每万人拥有 POS 机将分别达到 200 台和 50 台。

7.2 技术和标准发展

目前移动电子商务标准主要集中在手机支付领域，关键技术主要有多应用管理技术、非接触射频技术、手机终端和卡技术及相关安全技术。核心技术主要集中基于手机终端和用户卡的近距离非接触通信技术领域。

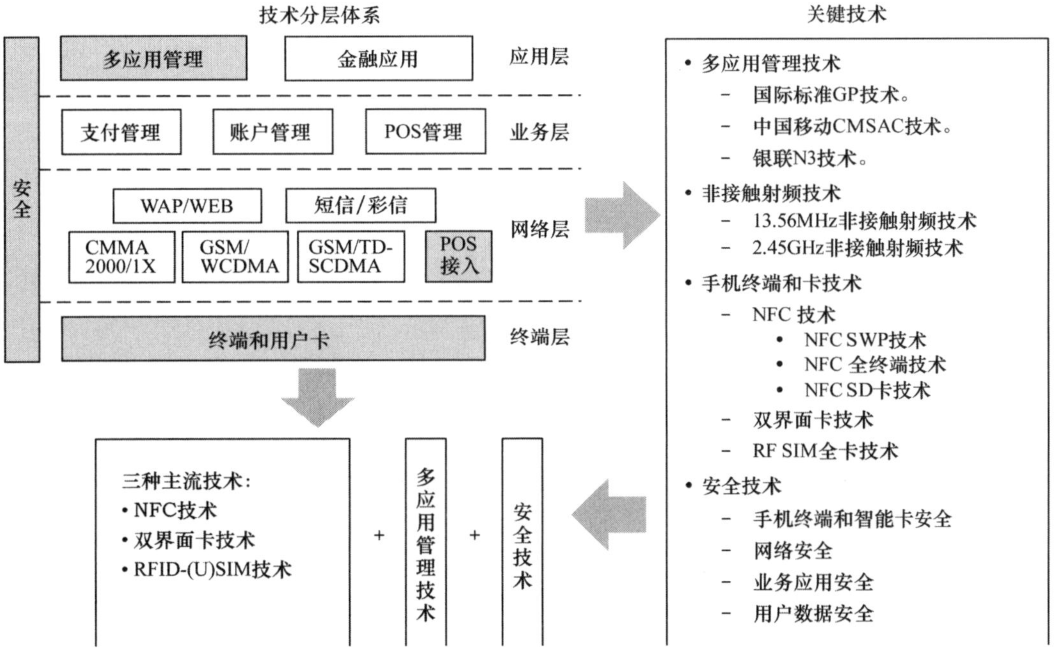

图 7.6 手机支付的标准技术体系和关键技术

7.2.1 近距离非接触通信技术

在我国使用的近距离非接触通信技术主要有四个方案：基于 13.56MHz 的非接触技术的 NFC 方案、智能 SD 卡方案、SIMpass 贴片卡方案和基于 2.45GHz 的 RFID−SIM 卡方案。

表 7.1　　我国近距离非接触通信技术方案比较分析

	优势	劣势	特点
NFC	标准成熟，芯片和手机互为一体，工作稳定；NFC 符合智能卡协作的国际标准 ISO14443，可兼容已在投入使用的非接触式智能卡和读卡器	用户要更换手机；NFC 与 SIM 卡没有任何关系，手机卡和支付账户分开进行管理，手机服务供应商完全摆脱电信运营商	完全基于金融账户，开展支付应用，电信运营商主要承担无线通信的职责
智能 SD 卡	囊括了大额支付在内的所有银行网银功能，安全性较高	由银行掌握着客户关系和身份验证，管理了 NFC 的空中交易，得不到电信运营商的大力支持	
SIMPass	国内现有 POS 终端大多支持 13.56MHz，运营商项目启动的成本小	主要从电信运营商的角度出发，对合作伙伴的开放性和可持续发展性考虑不多，安全支付载体与 SIM 卡合一，不利于金融机构对安全支付载体的安全管理	主要基于 SIM 卡中的芯片，电信运营商对客户的控制以及应用的把握更为直接，对提高用户的忠诚度和品牌粘性更有利
RFID-SIM	手机原有设置几乎不用更改，只需更换 SIM 卡，用户使用门槛低。更容易让运营商控制产业链	工作频率不同于银行目前主推的 13.56MHz，要对 POS 机进行大规模技术改造，将会遭遇银行的阻力，推广的难度会较大	

NFC 技术比较成熟，RFID-SIM 是我国自主知识产权技术，二者是移动支付标准制定的方向。双界面技术存在天然的缺陷，只能成为一种过渡技术。13.56M 贴膜卡不符合电信监管相关规定，贴膜卡在 SIM 卡和终端之间串接会带来安全性问题，不允许使用贴膜卡开展移动支付业务。13.56M SD 卡是扩展的外设，标准不做定义。

13.56M NFC 技术为国内行业标准技术方向，SWP 方式和全终端方式尚未定论。2.45GHz 系列标准制定工作正在启动，包括非接触射频技术、智能卡技术。在 2011 年 11 月的“2011 中国移动支付产业年会”上，工业和信息化部表示，工业和信息化部已与央行共同启动移动支付标准制定工作，标准将涉及 13.56M 以及 2.4G 两种技术。标准化组织现场公开表示，移动支付行业标准征求意见稿已于 2011 年 10 月草拟完毕，预计 2011 年 12 月上旬完成支付标准细致修改并局部公示征求意见，预计 2012 年上半年移动支付标准定稿。根据行业调研，各标准提案需要经过五项 GB 国家标准的逐一认定。不过在标准定稿渐行渐近的情况下，多位专业人士认为国家标准最终到底是采取其中一种标准或者两种标准并行，仍存在悬念。

移动支付技术和标准不明确，不利于规模推广和应用，阻碍移动支付产业发展进程。标准存在的问题。（1）技术方案多样性：在频率上采用 13.56M 和 2.45G 两种，13.56 上采用 NFC 技术和双界面技术等；存在全卡方案、全手机方案、卡和手机配合方案、贴膜卡、SD 卡等；贴膜卡不符合电信监管相关规定，贴膜卡在 SIM 卡和终端之间串接会带来安全性问题。（2）POS 机具标准不一致：现网存在的 POS 机具标准不一致，导致不同厂商的 POS 和卡商存在不能互通的问题。（3）多应用管理技术细节定义不一致：国际标准多应用管理规范未定义清晰一些业务细节，导致不同运营商标准不一致，卡商需要根据不同标准进行生产产品，无法进行批量生产。

7.2.2 安全标准技术

随着移动电子商务的快速发展，手机网购、团购、充值等涉及移动支付环节的应用日益普及，安全性问题已成为移动支付高速发展面临的最大瓶颈。移动支付和信用卡支付面临的安全问题一样，如何保护移动支付领域的敏感信息成为重要的问题。

目前，中国银联已经在牵头制定移动支付安全标准，尽快解决用户市场需求和安全标准缺少的矛盾问题。2011 年 9 月，360 推出国内首款移动支付安全产品“360 支付保镖”，制定三重防护机制，保护用户手机支付的安全。业内人士认为，“360 支付保镖”产品填补了移动支付安全领域内的空白，能推动移动支付产业更健康、快速发展。随着我国移动支付标准的确定，移动支付涉及的安全标准，如：手机终端和智能卡安全标准、网络安全标准、业务应用安全标准、用户数据安全标准等将会逐步确定。

7.2.3 标准的相关分析

移动支付产业是金融与电信两个行业融合的新兴产业，如何处理好两种产业的传统利益与未来利益，达到两个产业的利益平衡，并通过市场实践的检验等问题都是移动支付标准制定需要考虑的。我们认为要达到两个产业的共存发展，两种标准并存作为移动支付标准的可能性最大，更有利于保护移动电子商务发展。使用两种技术不会割裂市场，相反还有利于跨越金融电信行业壁垒，用户通过一个手机同时支持两种移动支付卡，电信和金融机构可以分别发展自己的业务和用户，不再相互掣肘。这样可使移动电子商务市场形成充分的竞争，提高服务品质，更好满足用户需求。目前基于 13.56MHz NFC 技术的核心专利几乎完全为国外企业掌握，其中极少数专利公开，而 2.4GHz 技术的专利全部为国内公司拥有。从保护我国自主知识产权、防止专利陷阱隐患、保护未来数千亿美元市场等方面，我们认为应该两种标准都选择作为我国的移动支付标准，同时利用这一机遇拉动国产芯片企业的发展。考虑未来市场的需求，建议在移动支付涉及的受理终端改造上，可同时考虑兼容 13.56M 和 2.4G 两种频率。

随着移动支付标准的确定，移动支付的信息安全已经成为信息安全领域的一个非常重要的问题。目前移动支付安全方面缺少健全的标准体系，缺乏完备的安全标准规范和相关技术的支撑，这种状况可能会加速移动电子商务的信息安全问题会从某个关注点扩展到产业链的整个链条上，严重阻碍移动电子商务的发展脚步。

7.3 政策环境

7.3.1 国家出台主要政策

党的“十六大”提出“以信息化带动工业化、以工业化促进信息化”的两化融合要求，到党的“十七大”进一步上升为“工业化、信息化、城镇化、市场化、国际化”的“五化”并举和“促进信息化与工业化融合，走新型工业化道路”，对信息化与工业化的认识不断深化。国家“十二五”发展纲要指出十二五时期，中国将推进信息化与工业化的深度融合，全面提高经济社会信息化水平，并将电子商务作为战略新兴产业之一。

国家继续营造良好政策环境，不断深化和拓展试点示范项目。2007年发改委与原国务院信息办联合发布《电子商务发展“十一五”规划》。移动电子商务试点工程作为六大重点引导工程之一。从应用广度和深度上逐步推进国家移动电子商务试点示范工程。2007年6月开始，原国务院信息办开始组织实施该项工程，率先与中国移动通信集团公司组成了联合工作组，编制了《国家移动电子商务试点示范工程总体规划》（V9.0）；依托中国移动通信研究院建立了国家移动电子商务研发中心，并批准在湖南省、重庆市、广州市开展移动电子商务的区域性试点工作以及若干行业性试点项目和技术产业类项目。2010年，将加快编制《国家移动电子商务试点示范工程发展规划》，进一步营造良好的政策环境，加快成功项目的推广和大规模商用，不断深化和拓展试点示范项目，加快关键技术自主创新和标准规范建设，继续加强交流和经验推广，加强绩效评估和软科学研究，加强宣传，充分发挥舆论引导作用。在前期工作和相关研究的基础上，2011年工业和信息化部组织编制了《国家移动电子商务试点示范工程规划（2010~2015）》。

根据国家“十二五”发展纲要，近期工业和信息化部、商务部、国家发改委等部委相继出台一系列支持电子商务和移动电子商务“十二五”发展的指导意见和规划等，给我国移动电子商务的发展打下基础。

1. 工业和信息化部发布的《电子商务“十二五”发展规划》（以下简称《规划》）。“十二五”期间，电子商务将被列入战略性新兴产业的重要组成部分，作为新一代信息技术的分支成为下一阶段信息化建设的重心，电子商务的应用领域也将进一步拓宽。根据《规划》，预计到2015年，电子商务在国民经济和社会中的贡献显著提高。电子商务交易额将翻两番，突破18万亿元，移动电子商务交易额和用户数达到全球领先水平。在“十二五”时期，整个电子商务环境，将维持一个持续快速增长态势，并且逐渐走向稳健和成熟。将持续推进移动电子商务发展，推动移动电子商务试点示范。具体如下。

鼓励各类主体加强合作，扩展基于新一代移动通信、物联网等新技术的移动电子商务应用。推动移动电子商务应用从生活服务和公共服务领域向工农业生产和生产性服务业领域延伸，积极推动移动电子商务在“三农”等重点领域的示范和推广。加强移动电子商务技术和装备的研发力度，完善移动电子商务技术体系。加快制定和完善移动电子商务相关技术标准和业务规范。

移动电子商务试点示范：加快推动移动支付、公交购票、公共事业缴费和超市购物等移动电子商务应用的示范和普及推广。重点推进移动电子商务在农业生产流通、企业管理、安全生产、环保监控、物流和旅游服务等方面的试点应用。加强移动智能终端、智能卡和芯片、读卡机具和安全管理等关键共性技术的自主研发。支持运营企业建立安全可信的多应用管理平台。推动近距离通信（NFC）、机器到机器（M2M）等技术标准的制定和应用。面向不同的行业应用，协调制定行业技术标准和业务规范。推动移动支付国家标准的制定和普及。推动移动电子商务产业链和各应用领域的相关主体加强合作，加快商务模式创新和社会化协作机制创新。

2. 商务部颁布的《“十二五”电子商务发展指导意见（征求意见稿）》。完善电子商务发展环境、重点鼓励发展第三方电子商务服务平台、深化普及电子商务应用。到 2015 年，电子商务法规标准体系基本形成，协同、高效的电子商务管理与服务体制已经建立，规范、诚信的电子商务交易环境逐步完善；电子商务成为企业拓展市场、推动“中国制造”转型升级的有效手段、消费者方便安全消费的重要渠道；电子商务服务业形成规模，成为我国现代商贸流通体系建设的重要组成部分。2015 年，我国规模以上企业应用电子商务比率达 80%以上；应用电子商务完成进出口贸易额占我国当年进出口贸易总额的 10% 以上；网络零售额相当于社会消费品零售总额的 9% 以上。

3. 工业和信息化部发布的《物联网“十二五”发展规划》。要求到 2015 年，我国要在核心技术研发与产业化、关键标准研究与制定、产业链条建立与完善、重大应用示范与推广等方面取得显著成效，初步形成创新驱动、应用牵引、协同发展、安全可控的物联网发展格局。《物联网“十二五”发展规划》称，“十二五”时期是我国物联网由起步发展进入规模发展的阶段，机遇与挑战并存。为实现这一目标，“十二五”期间主管部门将在十个重点领域完成一批应用示范工程，力争实现规模化应用。这十大领域分别是智能工业、智能农业、智能物流、智能交通、智能电网、智能环保、智能安防、智能医疗、智能家居等领域。

4. 工业和信息化部发布的《通信业“十二五”发展规划》（以下简称《规划》）。《规划》主要强调信息基础设施建设和信息服务业，带动信息服务业和通信设备制造业发展壮大，并实现智能终端产业的全面升级。信息基础设施建设包括四个方面：一是加速网络宽带化进程，提升光通信设备产业化能力，第二是推动新一代通信业务发展，第三是推进互联网演进布局，第四是考虑全面推进“三网融合”。而信息服务业的主要内容是促进云计算和物联网的发展。“十二五”期间我国通信行业将进行结构性调整，从依靠基础电信业务增长向大力发展信息服务业和终端制造业等上下游产业链方向转变。终端制造业本身不在《规划》里，但《规划》对他们会有一个引导作用。

5. 国务院发布的《物流业调整和振兴规划》。物流业是融合运输业、仓储业、货代业和信息业等的复合型服务产业，是国民经济的重要组成部分，涉及领域广，吸纳就业人数多，促进生产、拉动消费作用大，在促进产业结构调整、转变经济发展方式和增强国民经济竞争力等方面发挥着重要作用。实施物流业的调整和振兴、实现传统物流业向现代物流业的转变，不仅是物流业自身结构调整和产业升级的需要，也是整个国民经济发展的必然要求。（1）调整和振兴物流业是应对国际金融危机的迫切需要。（2）调整和振兴物流业是适应经济全球化趋势的客观要求。（3）调整和振兴物流业是国民经济持续快速发展的必要保证。（4）调整和振兴物流业是贯彻落实科学发展观和构建社会主义和谐社会的重要举措。

7.3.2 地方出台相应政策

为落实《电子商务发展“十一五”规划》、《电子商务“十二五”发展规划》等一系列相关政策，为促进移动电子商务试点工程进展，各地政府也相继出台相应的移动电子商务发展规划和指导意见，这些政策措施的出台为移动电子商务试点工作营造了良好的政策环境。

1. 湖南省移动电子商务的政策情况

自2008年1月湖南获批成为国家移动电子商务试点示范省以来，基本形成了上下联动、共同推进的工作格局。从2009年到2010年湖南省颁布了许多相关政策，2009年5月，审定了《湖南省人民政府关于加快移动电子商务发展的意见》和《湖南省移动电子商务发展规划》。“十二五”期间，省政府将移动电子商务发展纳入了湖南省“十二五”发展规划，并在湖南省战略性信息产业规划和“数字湖南”纲要等文件中，明确将移动电子商务作为重点培育和扶持的新型产业之一。2010年3月，举办了国家移动电子商务暨信息网络经济推进大会，提出“将湖南打造成为移动电子商务与信息网络经济的新高地”。2010年，完成了农村移动电子商务和手机购票两个项目的湖南省地方标准制定工作，开启了移动电子商务的地方标准体系的建设。

2. 四川省和成都市移动电子商务的政策情况

四川省着力打通电子商务发展主干线，将电子商务工作纳入重要议事日程，特别是成都市将电子商务置于重要位置，纳入政府目标管理。省商务厅安排专项资金支持电子商务发展，成都、宜宾等市州也配套了电子商务扶持政策。“网购网销”工程是四川省政府确定的商务重点工程之一，着力实施“网购网销”工程。

2009年以来，成都市政府大力发展电子商务等新兴产业，在《成都市电子商务发展规划（2009—2012）》中明确提出要发展基于3G应用的移动电子商务。2010年，市政府与中国银联签订战略合作框架，着手共同推进成都移动电子商务发展。2011年，促成中国银联、中国电信、中国移动、中国联通等机构发布了《加快发展移动电子商务的共同行动纲领》，已经初步形成产业发展扶持体系。2011年，成都市提出电子商务专项支持资金，并且重点扶持手机支付用户发展鼓励政策，并将加快出台支持移动电子商务发展的专项规划和支持政策，从政策层面为全市移动电子商务的发展提供保障。

3. 广州市移动电子商务的政策情况

自2008年3月获批国家移动电子商务试点示范城市以来，广州市加快推进试点示范工程实施，移动电子商务示范应用、平台建设、产业链构建等方面快速发展。广州市制定《广州市创建国家移动电子商务试点示范城市行动方案》，并加快制订《广州市加快电子商务发展的实施意见》等有关政策措施，为推动移动电子商务加快发展提供进一步的政策支撑。从2009年起广州市设立电子商务发展专项资金，支持电子商务品牌建设。“十二五”期间，广州市将加大资金扶持力度，设立移动互联网专项资金，重点提升广州市移动互联网产业的集聚能力和创新能力，培育具有国际影响力的移动互联网龙头企业，推动广州市移动互联网战略新兴产业跨越式发展。

7.3.3 金融领域相关政策

金融机构出台相应的支付管理办法，推进移动支付发展。金融机构从 2010 年起相继颁布了一系列关于金融相关规范及管理办法，并于 2011 年开始发放第三方支付牌照。

2010 年 5 月 4 日，中国人民银行于 2010 年 5 月 4 日颁布了《中国金融集成电路（IC）卡规范》（2010 年版），简称 PBOC2.0，该规范的第 11 部分规定了非接触式通信所使用的符号编码技术、数据帧格式等详细内容；第 12 部分是非接触式 IC 卡支付规范，描述了非接触式 IC 卡应用，在磁条非接触式支付应用和快速借记 / 贷记非接触式支付应用方面作出了相关要求和规定。

央行于 2010 年 6 月 21 日颁布了《非金融机构支付服务管理办法》（以下简称《办法》），办法规定未经中国人民银行批准，任何非金融机构和个人不得从事或变相从事支付业务，该方法自 2010 年 9 月 1 日起施行。办法规定，非金融机构如果要提供支付服务，应当依据本办法规定进行申请取得《支付业务许可证》，成为支付机构。对于本办法实施前已经从事支付业务的非金融机构，应当在本办法实施之日起 1 年内申请取得《支付业务许可证》。逾期未取得的，不得继续从事支付业务。根据规定 2011 年 9 月 1 日是第三方支付机构获得许可证的最后期限。

为配合《非金融机构支付服务管理办法》（以下简称《办法》）实施工作，中国人民银行于 2010 年 12 月制定了并公布实施《非金融机构支付服务管理办法实施细则》，该实施细则指出，《办法》所称预付卡不包括：仅限于发放社会保障金的预付卡；仅限于乘坐公共交通工具的预付卡；仅限于缴纳电话费等通信费用的预付卡；发行机构与特约商户为同一法人的预付卡。

2011 年 5 月 26 日，中国人民银行对外公布了首批 27 家获得非金融“支付业务许可证”的企业名单，获得第三方支付牌照的企业包括有支付宝、财付通、快钱、汇付天下等民营第三方支付企业，也有银联商务有限公司、广州银联网络支付有限公司、北京银联商务有限公司等国字头企业。8 月 31 日，央行又公布了第二批获得第三方支付牌照的企业名单，共有 13 家企业获得牌照，加上第一批获得牌照的 27 家企业，一共有 40 家企业获得第三方支付牌照。他们可以从事互联网支付、移动电话支付、银行卡收单、预付卡发行与受理、货币汇兑、固定电话支付等 7 大类型业务。2012 年初，第三批第三方支付牌照可能很快发放。预计，第三批牌照的数量会有增加，可能最多发给大约 70 多家企业，但和此前相比，多数企业能获得的将是单一业务牌照。

7.3.4 发展政策分析

2010 年到 2011 年政策出台的力度比较大，步伐逐渐加快，电子商务多方合作趋势利好。移动电子商务的产业链和服务链的关系日趋明晰，合作政策环境逐步改善。政策制订过程中受到网络安全的影响，导致金融机构出台一些限额措施，移动电子商务发展环境更加复杂，需要对金融领域安全措施进一步研究，在保证安全的基础上，更好为移动电子商务服务。

从全国看，目前还没有形成完整的移动电子商务政策体系，需要进一步加强跨行业的组织领导，包括相关的具体政策和措施。目前移动电子商务主要侧重于业务应用，而在产业方面缺乏相关的指导意见和实施办法。

7.4 应用市场发展

经过进几年的发展，我国移动电子商务已经较为完整的体系架构，在网络、终端、政策法规和技术标准等方面不断完善，为移动电子商务应用市场发展奠定了很好的基础。

7.4.1 市场发展

近年来，电子商务呈现出了快速增长的势头。在“十二五”时期，整个电子商务环境，将维持一个持续快速增长态势，并且逐渐走向稳健和成熟；电子商务市场走近一个拓宽期，进入快车道，用户应用的广度和深度不断延展。电子商务正在走向融合创新的新阶段，成为其他行业价值变现的重要出口。电子商务未来可能出现的趋势：行业电子商务将成为发展主流，团购成为增长最快的网络形式，电子商务网站将会出现兼并热潮，电子商务将融合物流供应链，移动电子商务将成为未来影响电子商务发展的重要因素。

我国网上银行市场规模和注册用户数继续增长，移动电子商务实物交易规模持续增长，银行卡发卡量稳定增长。移动电子商务的整体市场进入快速增长期，移动支付领域的应用更加广泛，支付形式更加多样便捷，移动支付产品将更加丰富。

网上银行市场规模和注册用户数持续增长，但增速放缓。传统行业互联网化水平的不断提升，为银行互联网化创造了优势资源，伴随着互联网用户的持续增长，网上银行规模将继续扩大。网上银行业务比例在不断加大，手机银行、自助银行、ATM、POS 等其他电子银行也加速增长。截至 2011 年第三季度网银注册用户数超过 4 亿，同比增 42.3%。2011 年第三季度中国网上银行市场交易额达到 212.2 万亿元，环比增 6.0%，同比增长 43.7%。未来 3 至 5 年网银发展将迎来稳定的增长时期，预计到 2015 年，我国网上银行交易额将达到 3500 万亿元左右。电子商务的飞速发展，从根本上推动网银用户快速的增长。截至 2011 年第 2 季度末，我国银行卡发卡量持续稳定增长，我国银行卡累计发卡量已达 26.7 亿张，同比增长 17.8%，持卡人超过 7 亿。

艾瑞咨询预计，到 2012 年中国移动电子商务市场用户规模将达到 24957.2 万，整体市场进入快速增长期。中国移动电子商务实物交易规模保持快速增长，预计到 2012 年，整体实物交易市场规模将有望突破 350 亿元。

以移动电商为代表的移动互联网经济的高速增长带动了移动支付市场规模的扩大；3G、WIFI、NFC 及 RFID 通信技术的逐渐成熟和智能终端的迅速普及，使得移动支付领域的应用更加广泛；用户消费欲望及消费水平的提高，对于支付形式多样化、便捷化的需求在迅速提升；随着第三方支付牌照发放，竞争将加速移动支付新产品推出。数据显示，2011 年中国移动支付用户规模将达到 1.9 亿。艾瑞预计，2013 年中国移动支付用户规模将达到 4.8 亿。移动网上支付用户规模的增长带动了整个行业用户规模的爆发，另外手机短信支付也在用户群体中得到了进一步的普及。截至 2011 年底，中国移动支付交易规模总额将达到 481.4 亿元，同比增长 149.4%，整体呈现爆发式的增长态势。艾瑞预计，中国移动支付交易规模将在 2013 年底超过 2000 亿元。

从以上数据看出，2011 年底我国移动电子商务用户渗透率将近 15%，人均交易额达到约 90 元 / 户，预计 2015 年末用户渗透率达 50%，2020 年将达到 70%～80%。目前我国移动电子商务处于起步阶段；从 2012 年到“十二五”期末处于重点突破、全面发展阶段；2015 年后起将步入成熟阶段。如图 7.7 所示。

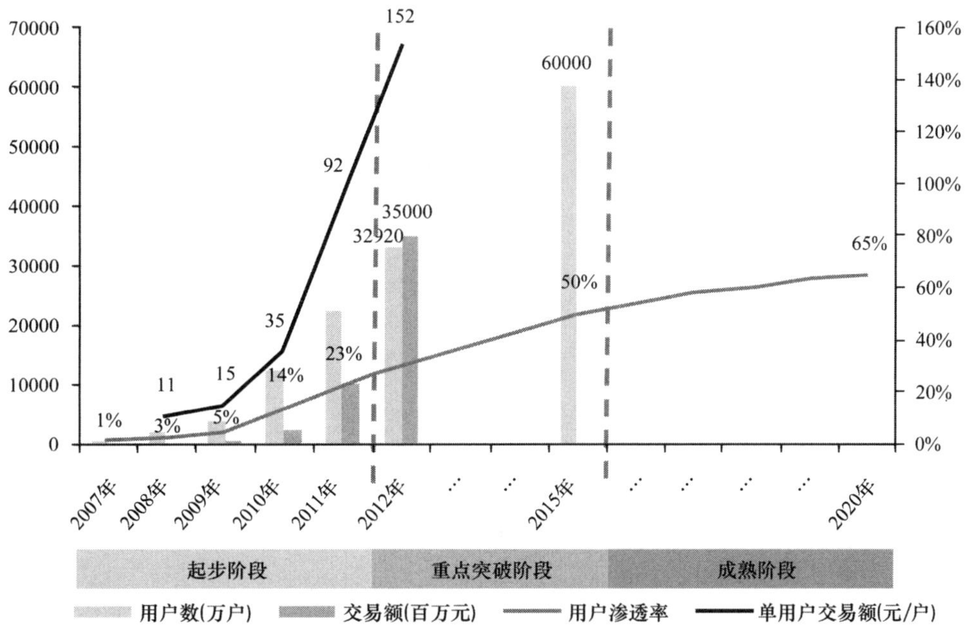

图 7.7　我国移动电子商务发展阶段划分

7.4.2　应用发展环境

工业和信息化部信息化推进司于 2010 年 2 月起开展移动电子商务应用试点示范项目，共申报了 258 个项目，其中申报试点项目的 130 个，申报示范项目的 128 个。申报项目分布在 32 个主要行业 / 应用，主要集中在公共交通、农业、城市管理、小额支付、企事业单位一卡通、医疗服务等行业 / 应用领域。

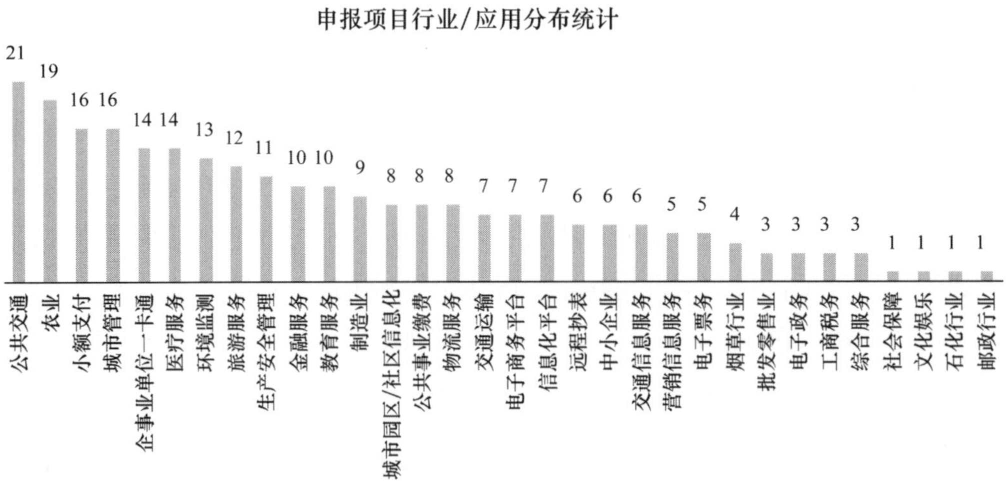

图 7.8　移动电子商务应用试点示范项目统计分布

从各大运营商开展的业务来看，移动电子商务应用集中在手机公交地铁购票、企事业单位一卡通、手机购物、手机公共事业缴费等。中国移动上海公司推出"世博通"应用，基于 2.4GHz 的 RFID SIM 卡，推出了手机钱包和世博手机票应用。2010 年 3 月 10 日中国移动入股浦发银行，手机支付准备将从小额支付转向信用卡、转账、大额交易等业务。中国联通上海分公司 2009 年正式推出 NFC-SWP 手机公交卡业务，目前在北京开通了基于公交的移动支付业务，在湖北、河北逐步推出手机支付企业和校园一卡通产品。2009 年中国电信上海分公司正式推出天翼 3G "移动支付" 产品，推出了 "翼支付手机刷卡" 业务。

从移动试点示范工程的试点省市开展的业务来看，试点省市在公共交通、公共事业缴费、消费购物、一卡通、电子票务、旅游、金融、医疗、教育等领域开展了多项试点应用，为百姓的日常生活带来了诸多便利。手机近场支付、公共事业一卡通应用正在改变百姓的衣食住行等生活方式。在服务民生，为老百姓的日常生活带来便利的同时，试点省市根据当地经济社会发展的特点，面向工农业生产、安全生产管理、生产性服务业、中小企业、专业市场等领域也开展了多项应用，在改变经济活动形式、提高经济效率中发挥了明显作用。湖南省成功探索了农业移动电子商务的运作模式，创建了以农户项目小额信贷为基础、资金体系封闭运行的资金归集模式，对改进农业生产组织模式和形成现代农村流通新体系发挥了积极作用。重庆市和广州市开展了基于 M2M 技术的特种设备安全监控，电梯监控产品的应用有效提高了电梯安全管理水平。广州市针对中小企业信息化推出了 20 多个行业应用，开展了专业市场的移动电子商务平台建设，极大地促进了中小企业信息化水平的提高和传统专业市场的改造升级。

根据我国移动电子商务的应用现状，结合移动电子商务的整体发展环境，移动电子商务应用发展趋势如下。

（1）从信息化发展来看，企业应用成为移动电子商务的发展重点，移动电子商务已经渗透到企业供应链、客户管理以及生产制造等信息化环节，如：供应环节的供应链 SCM 管理；客户环节的客户关系管理、营销渠道管理等，企业信息化将逐步贯穿到生产企业的内外部管理中。

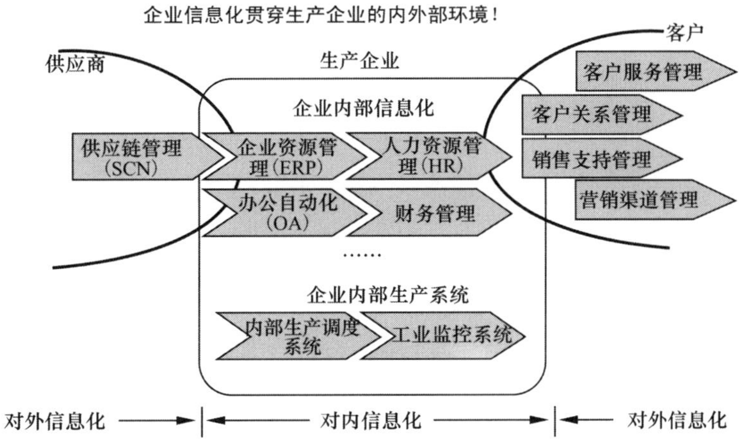

图 7.9　移动电子商务的企业信息化应用

（2）从应用领域来看，移动电子商务应用初期以方便百姓生活为目标，以生活服务 / 公共服务领域为切入点，逐步扩大用户规模、培育用户使用习惯。后期，逐步向工农业生产 / 生产服务领域扩展。

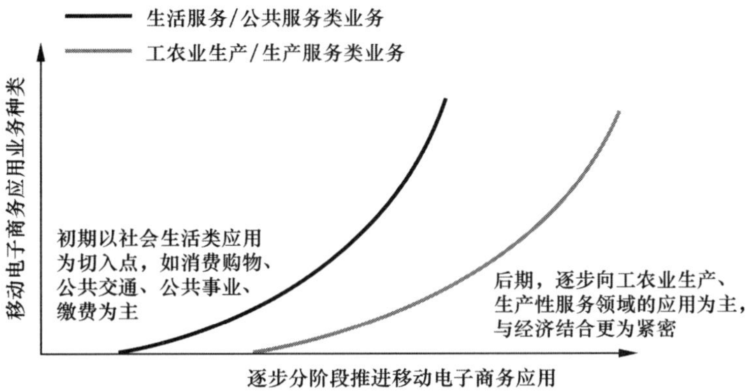

图 7.10　移动电子商务应用领域发展趋势

（3）从应用深度来看，初期以最容易切入的单个生产环节应用为主，如移动车辆管理、旅游电子门票等；后期，逐步向某行业的整体解决方案深化，如移动物流解决方案、旅游移动电子商务解决方案等。

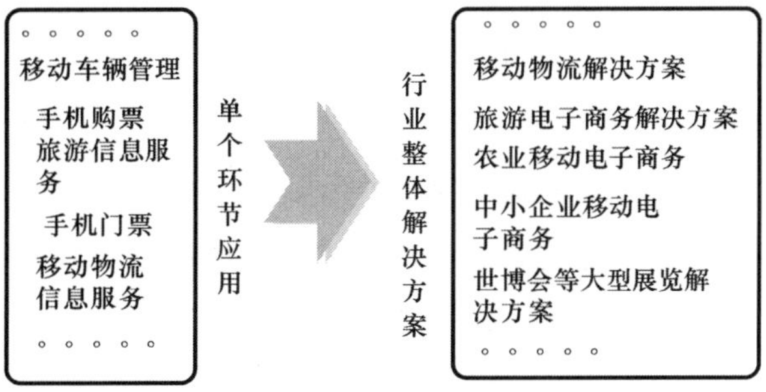

图 7.11　移动电子商务应用深度发展趋势

（4）从潜在需求领域来看，根据市场调研，结合地方申报的试点示范项目，表 7.2 对移动电子商务主要集中应用的工 / 农业生产、生产服务、生活服务和公共服务四大应用领域，细分其中的潜在需求行业以及相关应用重点行业进行了归纳总结。

表 7.2　　四大领域中潜在需求行业、重点行业分析

应用领域	潜在需求行业	重点行业
工 / 农业生产类	农业	荔枝、甘蔗、香蕉等农业机构；
	采矿业	煤炭、铁矿等
	制造业	钢铁、汽车、机械、船舶、飞机、家电、服装、烟草、医药、糖业等
	能源行业	电力、石化
	建筑业	
生产服务类	商贸服务业	专业批发市场、零售商店等
	交通运输、仓储、邮政业	航空、铁路、汽车运输、水运、现代物流、邮政、快递等
	金融	银行、保险、证券
	信息服务业	公共信息平台、电子商务平台等
生活服务类	公共交通	航空、地铁、汽车运输、出租
	旅游	餐馆、宾馆、娱乐及文化、体育场所、旅游商品、食品饮料等快速消费品零售、旅游景区景点、交通运输
	金融	银行、保险、证券
	批发及零售	日化百货、食品、饮料、服装、烟草
	餐饮娱乐业	餐馆、宾馆、娱乐及文化、体育场所
	居民服务业	社区、家庭管理、房屋租赁、物业
公共服务类	水利、环境及公共设施管理业	城市管理、环保
	教育	教育
	卫生及社会保障	医疗、社保、税务、海关

例如在生活服务领域，公共交通、旅游、金融、餐饮娱乐、批发零售以及居民服务业是移动电子商务应用的潜在需求行业，再往下细分的重点行业包括航空、地铁、公交、旅游景区、交通运输、银行、日用百货等。

（5）从应用动态趋势看，2011 年 3D 智能手机的推出给终端市场注入新的亮点，新技术对用户体验未来手机多样化和技术化的发展，有着重要的推动效果，如手机网上购物等将会获得身临其境的感受。3D 手机技术未来还将促进更多的 3D 游戏产生，市场还将延伸至 UI 界面领域，以及其他功能和应用中。据预测，到 2018 年全球将会有 7100 万这样的移动设备。网络团购自从 2010 年进入中国以来，出现了爆发式的增长，促进网上交易出现新的增长渠道。作为电子商务领域的一种表现形式，团购是增长最快的网络形式，成为未来市场的发展趋势，网络团购和手机的结合，可进一步促进新兴产品和相应业务和应用开发，促进电子商务向更宽领域扩展。

第八章　中国区域移动电子商务发展

中国移动电子商务以重庆、广州、湖南等示范试点城市和省为依托，借助环渤海、长三角、珠三角等电子商务产业发展基础优势，已经初步形成东部沿海地区、中部地区和西南地区集聚发展的总体空间格局，其中，环渤海、长三角、珠三角、成渝四大区域的移动电子商务发展优势明显，与我国整体产业经济发展格局相一致，并向全国进行辐射和延伸。

8.1　移动电子商务示范试点省市

8.1.1　湖南省——在实践和创新中前进

自 2008 年 1 月湖南省获批成为国家移动电子商务试点示范省以来，在省委、省政府高度重视下，一直把移动电子商务工作作为重要工作来抓。在省直有关部门协调配合、大力支持下，全省各市州积极行动，湖南移动、湖南电信、湖南联通等电信运营商、湖南银联等金融机构、湖南拓维等省内龙头企业，与各项目承建骨干企业开拓创新、加快发展，形成了上下联动、共同推进的工作格局。通过 3 年的探索与实践，形成了移动电子商务发展“先人一步、快人一拍、高人一筹”的鲜明特色，试点示范工作取得了突破性进展，呈现良好的发展局面。

1. 政府引导，政策先行

省政府成立了以周强书记为顾问，省委常委、副省长陈肇雄为组长的省移动电子商务工作领导小组及其办事机构。2009 年 5 月，时任省长的周强书记主持召开省政府常务会议，审定了《湖南省人民政府关于加快移动电子商务发展的意见》和《湖南省移动电子商务发展规划》。2009 年 8 月、10 月，肇雄副省长分别主持召开了全省移动电子商务专题部署工作会议和移动电子商务工作领导小组第一次会议，进一步落实了省政府常务会的相关工作部署。“十二五”期间，省政府将移动电子商务发展纳入了湖南省“十二五”发展规划，并在湖南省战略性信息产业规划和“数字湖南”纲要等文件中，明确将移动电子商务作为重点培育和扶持的新型产业之一。

2009 年 3 月，省政府与中国移动、中国电信、中国联通分别签署战略合作协议，确定在湖南新增投资 550 亿元用于加快基础设施建设，推动移动电子商务发展和信息化工作，3 年来，完成投资情况良好。

2009 年 4 月，成立湖南省手机产业联盟，推动高斯贝尔等省内手机品牌进入中国移动等运营商的手机定制库。

2009 年 6 月，在“湖南承接产业转移粤港澳招商活动月电子信息产业专题（深圳）投资洽谈活动周”

期间，成功举办了移动电子商务推介暨长沙移动电子商务产业园专题招商会。到会外省客商 190 多家，签约合同项目 10 多个，合同引资 7.613 亿元。

2010 年 3 月 30 日，省政府联合工业与信息化部、共青团中央、中国移动集团公司在长沙市共同举办了国家移动电子商务暨信息网络经济推进大会，周强书记提出“将湖南打造成为移动电子商务与信息网络经济的新高地”。

2. 技术创新，标准突破

截至到 2011 年，湖南移动联合中国移动研究院及国内众多优秀软件开发商、系统集成商、终端及机具制造商等，讨论并制定了具有自主知识产权的相关业务和技术规范 200 余本近 400 万字。在 13.56M 射频技术上突破了空中充值、SWP 等技术难点，在全国率先开展基于手机的 13.56M 现场支付应用，并在全球首创了具有自主知识产权的 2.4G 全卡方案，形成了相关的技术和业务标准，累计申请国家专利 50 余项，突破了关键技术瓶颈。湖南电信在基于物联网移动电子商务的 NFC 技术上，突破了安全密钥、空中充值等技术难题，完成了密钥及 CA 证书的应用；在 13.56M 射频技术上，解决了老技术与新应用的结合创新，提出了射频卡与通信结合的解决方案。湖南银联联合省内工商银行、建设银行、交通银行、长沙银行共同推出了符合 PBOC2.0 金融支付标准及通信运营规范的 13.56M 射频 iSIM 手机银行卡。另外，2010 年湖南省完成了农村移动电子商务和手机购票两个项目的湖南省地方标准制定工作，开启了移动电子商务的地方标准体系建设的帷幕。

3. 打造平台，带动产业

中国移动全网手机支付平台于 2009 年 3 月在湖南建成上线后，承担面向全国中国移动用户的手机支付业务运营支撑工作，支持远程支付和现场支付两大类应用，目前已经接入 28 个省平台。湖南电信移动电子商务平台于 2009 年 10 月正式上线，同样支持远程支付和现场支付两大类应用，目前已与 13 家金融机构，20 余家技术支撑企业，10 多家终端及硬件提供商，近万家商户共同打造移动电子商务产业链。湖南联通公司推出适合移动产品销售的新支付型电子商务应用，实现了各种收费业务、电子购物、电子商品交易市场、证券交易等；推出基于互联网的虚拟网络业务，用于集团跨省的企业内部网、专业信息服务专用网、金融大众业务网、政府办公系统、股票交易系统。

目前，全省共有超过 50 家知名企业进入移动电子商务领域，在行业应用方面，拓维信息系统股份有限公司于 2008 年 7 月在深交所正式上市后，投入重资发展移动电子商务，并取得了较大的成就。仅 2011 年上半年，公司实现收入 2 亿元，利润 5000 万元。湖南玲珑科技有限公司在获批“国家农村移动电子商务（湖南）试点示范工程”项目后，自 2008 年正式启动，历经邵阳新宁、长沙宁乡等地试点，项目完成后，预计依托于平台运营的年商品交易总额达到 50 亿以上，创税 5000 万元以上，新增就业 10 万人以上。由湖南省供销合作总社整合供销社系统资源及移动、农行资源于 2009 年创办的大型惠农项目“网上供销社农村移动电子商务建设工程”，目前已投入资金 2 千多万，2011 年实现平台交易额 2.2 亿元。湖南大成科技为农村信息资源的开发、整合、利用而建设的“大成商务网”目前已投入 1.6

亿元资金，在接下来的两年中，仍将投入 2.5 亿以上的资金进行移动电子商务业务的拓展。

长沙高新区从 2008 年开始启动了“移动电子商务产业园”建设，初步构建了体系完善、结构合理的由运营商、互联网、传统制造、物流配送、信息技术提供等企业和上下游环节构成的核心价值产业链。目前，园区已培育形成 20 余家国内外优势移动电子商务企业，带动移动电子商务产业发展，关联产业实现产值 20 亿元，移动电子商务产业园的聚集示范效益日趋明显。2011 年长沙高新区已正式向工业和信息化部申报了“国家级移动电子商务产业园”，目前正在审批中，国家移动电子商务产业园必将成为全国移动电子商务的优势企业聚集地。

4. 应用广泛，规模凸显

通过三年的努力，湖南移动电子商务产业投资规模达到 20 亿，从业人员超过万人，各电子商务平台的用户规模累计已突破 8000 万户，各类合作商户超过五万家，各类机具 2 万多台，月交易额突破 20 亿元。

湖南移动电子商务基地在平台建设及远程支付应用方面投入 5 亿元的资金，在全国范围内接入了包括新浪、盛大、快乐购、瑞星等在内的全网知名远程商户 3000 余家。目前手机支付用户规模已近 4500 万，月交易金额超过 14 亿元。2011 年 10 月，中国移动湖南公司和浦发银行长沙分行合作推出全国首张“手机钱包联名卡”，集电子现金小额支付功能、借记卡理财功能和信用卡消费功能“三卡合一”，将推进移动金融、移动电子商务、手机支付等多项移动通信与金融产品的融合。

湖南电信投入 2 亿元打造翼支付综合支付平台，目前，语音电子商务交易额达到 5 个亿，翼支付用户数超过 20 万，手机钱包用户数超过 12 万。现场应用方面，在长沙、岳阳、邵阳推出了翼支付—公交手机卡业务，目前已在超过 5000 台公交车和出租车上推广使用。在省内已经与 3000 多家商户签订了业务合作协议，部署了 POS 机具 5000 余台，范围覆盖书店、超市、快餐、医药、商品零售等行业。

湖南联通公司的联通数字阅读基地投入 5 亿元，已引进 180 余家内容合作伙伴，其中出版社、出版集团及杂志社近 50 家，引入优质出版物畅销书 10.5 万余册，商用资源有 8.4 万册。截至 2011 年 10 月，联通数字阅读基地注册用户达到 2145 万户，累计访问用户超过 9000 万，累计信息费收入超过 2.26 亿元，10 月份业务收入达到 5800 万，日均 193 万元，与年初相比，增长 76 倍，发展势头十分强劲，预计全年收益将达到 3 亿。

湖南银联推出了 iSIM 手机银行卡，应用于公交、出租车、超市、商场、药店、电影院、医院、水电煤等便民小额支付消费领域。截至 2011 年 10 月底，全省累计拓展联网商户超过 12 万家，联网 POS16 万台，联网 ATM 机具近 9 000 台。1～10 月，共实现跨行交易 1.66 亿笔，4 175 亿元，其中 ATM 取款 6 230 万笔，金额 665 亿元，POS 交易超过 1 亿笔，金额近 3 480 亿元。预计全年实现跨行清算交易突破 2 亿笔，金额达近 5 000 亿元。

8.1.2 广州市——业务应用和产业协同发展

自2008年3月获批国家移动电子商务试点示范城市以来，广州市加快推进试点示范工程实施，移动电子商务示范应用、平台建设、产业链构建等方面快速发展。2011年全市移动电子商务交易额超过59亿元，累计活跃用户数超过2360万。移动电子商务应用领域和规模持续扩大，业务应用已涉及20多个行业，业务接入数从2008年的45个增长到124个，成为国内移动电子商务涉及行业最广和业务种类最丰富的城市之一。经过近几年的不懈努力，以服务民生经济为导向，成效显著，移动电子商务阶段性成果得到广泛应用，手机作为市民信息终端、生活终端、消费终端、文化娱乐终端的目标加快实现。

1. 发展环境逐步完善

一是政策引导。市科技和信息化局制定印发了《广州市创建国家移动电子商务试点示范城市行动方案》，并加快制订《广州市加快电子商务发展的实施意见》等有关政策措施，为推动移动电子商务加快发展提供进一步的政策支撑。

二是资金扶持。从2009年起市财政设立广州市电子商务发展专项资金，支持电子商务品牌建设。三年共支持移动电子商务项目22个，支持资金达1095万元，带动企业投资1.48亿元，充分发挥了资金杠杆作用，撬动全市移动电子商务产业快速发展。“十二五”期间，广州市将加大资金扶持力度，除每年安排5000万元继续设立电子商务发展专项资金外，2011年又拿出3000万元设立移动互联网专项资金，重点提升广州市移动互联网产业的集聚能力和创新能力，培育具有国际影响力的移动互联网龙头企业，推动广州市移动互联网战略新兴产业跨越式发展。

2. 产业规模迅速壮大

通过统计整理广州市主要移动电子商务企业年营收金额，截止2011年12月广州市移动电子商务交易额超过59亿元，累计活跃用户数超过2360万，业务应用数量已上升至124个，并涉及20多个行业。

广州市移动电子商务产业规模迅速壮大。以移淘网络为代表，从2010年3月成立至今其通过价格优势快速发展，2011年预计总交易额达8000万元，成长率高达471%，发展用户100万人。著名电子商务企业唯品会长期坚持打造差异化竞争优势，专注于折扣商品领域，2011年11月16日推出掌上唯品会全面进军移动电子商务市场，将为广州移动电子商务产业创造新的价值。此外，梦芭莎等传统电子商务亦积极筹备进军移动电子商务领域，广州移动电子商务产业拥有巨大发展空间。

3. 创新模式不断涌现

移动电子商务绝非传统互联网电子商务向移动智能终端的简单迁移，移动智能终端独特的移动网络能力、强大的信息感知能力、天然的SNS特征都使其成为高价值信息的聚合器与发生器，随身携带的特性更使其与用户的社会行为紧密关联，这些新的能力与信息要素在与传统电子商务行业的融合碰撞中产生巨大创新空间，依托对移动电子商务领域的不懈深度探索，在 B2B 电商领域广州市移动电子商务创新模式大量涌现。

客多软件服务公司深刻把握移动互联网发展趋势，为中小商家提供客多宝软件平台，基于销售用户关系创造性打造商家 SNS 移动电子商务模式。客多宝软件平台以城市同一商圈内非同业商户合作、客户共享交叉营销为核心，由线下至线上，为中小商户提供整套本地营销工具和服务，帮商家从店铺周边 1～3 公里商圈内获取潜在新客源，不断吸引回头客。2011 年客多宝平台的交易总额已达到 3.5 亿元，覆盖 500 万最终用户。

闪购软件服务公司基于具有自主知识产权的“真知码”首创 F2C 真品质移动电子商务模式，通过全新技术“真知码”的引入为每件商品量身定做加密二维码，保证商品的唯一性与流通环节的可溯源性，力图为用户打造真品质生活，同时为顺应移动互联网时代时间碎片化、操作便捷化等需求，闪购推出移动智能终端客户端软件，通过摄像头补捉创造性提出简单快捷的“即拍”购物方式，为消费者带来全新用户体验，2011 年闪购平台交易总额为 3000 万，已拥有 100 万用户。

4. 便民应用持续深入

一是面向市民的手机支付业务快速增长。广东移动商城网站目前可提供实体和虚拟商品等九大类共 2.3 万多种商品的销售，2011 年累计活跃用户 272 万，Web 访问量 72 万，WAP 访问量 88 万，最高月销售额突破 580 万元，累计销售额超过 5420 万元；手机通惠券业务为用户提供美食、购物、娱乐、旅游的商家查询、评价、预定、优惠折扣、推荐等服务，覆盖市内上百户商家；手机银行、手机证券、手机彩票业务量持续增长，2011 年手机购彩注册用户数超过 60 万，销售额达 377 万元，与去年同期相比增长 58.9%。手机电影票涵盖市内主要电影院，累计销售 17800 张，销售额超过 62 万元。截止 2011 年 12 月，手机支付广州地区用户已超过 52 万人，交易额累计达 2680 万元，全省用户数已接近 552 万，交易额累计达 2.43 亿元。

二是手机一卡通服务逐渐成熟。广州大学城手机一卡通项目有序推进，开展了食堂、商场消费和图书馆等应用，目前已发行近 1 万张的学生手机卡，覆盖广州大学城的 10 所高校和商业场所，为培育未来移动电子商务消费群体市场奠定坚实基础。广州移动与羊城通公司的合作取得突破进展，具备话费充值、空中查询等新颖功能的手机通宝羊城通将于 2011 年年底正式面世。移动手机通宝第三方应用服务广泛拓展，推出了兴业银行联名信用卡（金融应用）、中经汇通“汇通宝—U 乐卡”（本地第三方支付应用）、大学城一卡通云捆绑（云认证应用）、广英集团一卡通（政企一卡通应用）等，满足了不同层次的细分市场用户的个性化需求。

三是政务便民惠民应用快速拓展。市政府门户网站手机版、市民网页手机版先后上线，为广大市民提供了一个通过手机就能随时随地获取政府信息和服务的便捷方式。市民用手机登录网页，可随时随地即时订阅公积金、社保、水电燃气费、移动电信资费、交通违法记录等公共服务资讯，查询政府部门网上办事服务进度及结果。

5. 助力经济快速发展

移动电子商务产业链涉及智能终端制造、移动应用开发、移动广告、支付、物流、实体商品制造等诸多产业环节，移动电子商务的持续暴发式增长将极大的带动产业链各环节快速健康发展，推动实体经济的快速发展。移动电子商务在实体贸易企业与消费者间构建高效的交易平台，移动互联网庞大的用户规模为各类商品销售打开了巨大的市场空间，随着移动电子商务逐步被广大用户接受，凭借其灵活、便捷等商业优势，越来越多的用户将通过移动电子商务进行购物，移动电子商务为实体制造业创造了规模空前的潜在销售市场。另一方面，随着移动互联网技术的发展与移动电子商务业务模式的成熟，中小型贸易公司进军移动电子商务领域技术门槛大幅下降，将有更多企业以移动电子商务作为交易平台从而极大满足广大移动互联网用户个性化、长尾化的需求，移动电子商务的成交量的显著增加将创造更大的商业价值，带动实体经济的长期发展。此外，移动电子商务亦将拉动移动互联网网络流量的持续攀升，促进物流、支付等周边产业的快速发展，据统计当前全国物流产业过半的业务流量已由电子商务带动，移动电子商务将带来物流产业的新一轮快速增长。

8.1.3 重庆——政企合作打造移动电子商务发展基地

2007 年 9 月，原信息产业部、原国务院信息化工作办公室和重庆市人民政府签署了《关于共建统筹城乡信息化试验区和发展信息产业的合作协议》，协议明确将重庆建设成为“国家移动电子商务示范区”。

1. 政策环境构建

2008 年 2 月，在重庆市信产局组织和重庆移动公司积极参与下，编写完成《重庆市移动电子商务发展规划》，该规划是国内第一个关于移动电子商务发展的专项规划，明确提出着力打造移动电子商务以移动通信运营商为主导，各行业、各企业共同参与的业务推广模式，最终建立价值链多方合作共赢的移动电子商务行业拓展新模式。2009 年，在重庆市信产局的积极推动下，“国家移动电子商务示范区”建设被纳入重庆市政府 2009 年的民心工程。

2. 技术创新和产业拉动

在示范区建设过程中，积极探索技术创新，与产业链各方合作，在智能 CPU 卡、特高频 RFID 卡（RFSIM）等关键技术上创新突破，试点研发出了新一代手机钱包 SIM 卡，该技术处于世界领先水平。客户只需更换 SIM 卡，不换手机、不换号码即可实现手机支付功能，在公共交通、小额支付、社区管理、企业内部实现手机一卡通。该卡使用国际领先的 CPU 卡技术，并在 2.4G RFID 卡（RFSIM）等关键技术上创新突破，具有非常高的安全性和稳定性。重庆试点的 2.4G 全 SIM 卡 NFC 标准已成为中国移动的企业标准，将在全国范围内推广，实现漫游小额支付功能。重庆移动建成“中国移动手机支付全国密钥管理中心”和“中国移动 SIM 卡多应用服务中心”，面向全国提供运营支撑服务。

在发展移动电子商务业务的同时，积极推动重庆本地产业的发展。现重庆市移动电子商务产业集群态势显现，在以北部新区、西永微电子产业园区为龙头的产业聚集区内，已吸引了清华同方（全国铁路票务系统）、中国民航票务中心、中兴集成电路、神州数码思特奇等国内知名公司，重庆结行、英诺科技等本地公司也迅速发展。通过对关键技术的消化吸收，实现了关键产品的本地产业化，随着移动电子商务的发展，必将带动重庆市的软件开发、系统集成等高新产业的发展。

在 2011 年将形成超过 1.2 亿张手机支付芯片和 20 万台 POS 机具的终端市场规模，终端综合产值将超过 100 亿元，并将带动芯片工业、智能终端制造产业的蓬勃发展。

3. 市场拓展初具规模

按照《重庆市移动电子商务发展规划》的部署，制定了以现场小额支付为切入点，逐步推广基于移动互联网的移动电子商务应用的发展思路。投资 5000 万元建设了移动电子商务平台一、二期工程，向市场推出了手机钱包卡产品。

2007 年 8 月，重庆轨道交通公司与重庆移动紧密合作，在国内率先向社会推出“手机乘轻轨”业务。该业务的方便、快捷深受到广大市民的欢迎，使用手机乘轻轨用户已占轻轨全部客流量的 35%。

为加快推进移动电子商务示范区的建设，大力拓展手机小额支付消费环境，在主城区构建起了全国最成熟的现场手机小额支付商业环境，截至目前已铺设了 5500 余台 POS 终端，合作商户数达到 4000 家，包括新世纪、新华书店、麦当劳、乡村基、环艺影院等市内大型超市、优质快餐店、一流电影院均可接受手机支付，单月消费额超过 600 万元。重庆的移动电子商务发展水平在部分领域已处于全国领先水平。

8.2 其他重点区域或城市

8.2.1 北京市

北京市移动商务起步早，发展快，正在酝酿形成新的经济增长点。移动终端用户群已开始突破基本功能使用的限制，向着利用手机更广泛、更深入地获取网络资源的方向转变，许多北京企业也已经开始商务模式的系统研发和价值开发等一系列有益探索。为了推进北京市电子商务发展，北京市计划发布的《北京市电子商务“十二五”规划》中将明确指出要大力发展移动电子商务，并制定了一系列任务确保规划的有序推进。

1. 发展基本情况

一是移动终端用户群开始突破基本功能使用的限制。手机用户开始不满足于发送短信、接打电话等功能，已经向着利用手机更广泛、更深入地获取网络资源转变。由北京移动牵头，目前已打造了以智慧旅游、智慧医疗和手机钱包作为特色的手机服务，可以实现 3G 手机剧院、3G 手机博物馆、数字景区、掌上订票、预约挂号手机支付和手机钱包公共事业缴费等业务。

二是企业开始探索移动商务应用。北京涌现了一批以用友、敦煌、京东、凡客诚品等为代表的移动电子商务平台类服务企业。用友基于移动互联网为企业提供电子商务全程服务，敦煌网提供移动快速结账服务，京东开发了基于 Android 平台的手机客户端软件，用户可通过手机、iPad 等手持移动终端实现网上购物，凡客诚品正式上线了手机客户端和手机凡客网。并且，汇源、雅康一批传统商贸企业也都把移动电子商务作为转型发展重要手段。

三是发展环境进一步优化。截止到 2010 年末，北京市移动电话用户数达到 2129.8 万，普及率达到 121.4 部 / 百人；基于 3G+WLAN 模式的无线城市基础设施建设初具规模，到 2010 年底，已累计建设 3G 基站 1.8 万多个和 WiFi 接入点 5400 多个，3G 用户达到 254 万户。预计到 2012 年底前，北京市五环以内以及各郊区县中心地区将实现 WIFI 无线网络全覆盖。北京市还积极推动用于移动视频传输的无线宽带专网建设，为用户在无线上网的同时进行上传、下载和浏览视频提供良好条件。

2. 总体发展思路

一是重点支持移动电子商务应用试点。推进移动电子商务在制造型企业生产流通、资金管理、安全生产、物流和旅游服务等方面的试点应用。鼓励流通企业以门店销售支撑网络销售，以网络销售带动门店销售，重点支持基于各类移动智能终端的应用，推动手机小额支付。支持企业建设基于移动终端的图书、3C、服装、餐饮、机票等各类生活服务的网购平台，积极探索“线上市场”与“线下市场”互动营销方式，扩大销售。开展移动电子商务工程，使移动电子商务成为首都市民生活和企业运营模式的重要组成部分。

二是组织开展移动电子商务应用推广活动。采用多种形式，加强移动电子商务的宣传、知识普及和应用推广，提高社会各界对发展移动电子商务重要性的认识，增强企业和公民对移动电子商务的应用意识，培养用户的移动电子商务消费习惯。鼓励电信运营商、银行和银联机构、第三方支付服务提供商、移动电子商务平台技术提供商、行业应用主体、商业经营者等产业链各环节密切协作，形成产业联盟。

三是支持建立完善诚信和投诉保障体系。支持电子商务服务企业与院校及信用、安全、金融等相关行业服务企业、中介机构联合，在电子商务经营主体诚信管理、产品信息共享、电子商务交易安全认证和交易记录备份、投诉维权等领域开展试点示范，加快推进电子商务相关行业和领域信用体系建设。加强电子商务市场监管，制定和推广电子商务交易及有关服务行为规范，完善电子商务监管服务体系。

四是大力推动建设无线城市。进一步加快 3G 网络建设和业务应用开发，大力推进 3G 产业发展，提升传统产业信息化水平，促进传统产业升级改造，推动现代服务业发展。以移动电子商务发挥3G优势，创新业务应用的主要方向，优化增值电信业业务结构，推动移动业务健康持续发展。鼓励基于互联网等的电子商务向移动电子商务的迁移，大力推动移动电子商务延伸到经济和社会信息化的各个环节，促使移动电子商务的应用领域将更加广泛，加强移动电子商务与实体经济和社会服务更加紧密的结合。

五是大力发展首都智能终端和云计算、物联网产业。在信息化的新一轮浪潮下，要大力支持、鼓励新一代无线移动通信网和短距离无线接入技术的建设与发展。推动技术和产业化进程加速，鼓励WLAN、RFID、蓝牙、UWB（超宽带）、ZigBee、M2M等技术应用，使各种无线通信技术为移动电子商务的发展提供更多技术条件。

六是加快建设和优化移动互联、物联网等产业基地。充分利用首都高校和研究机构的科技资源优势和空间资源与人才资源，着力打造信息网络产业大道，形成物联网研发和人才培养基地、技术创新源泉和转化基地。依托北京邮电大学建设感知大厦、网融大厦和物联大厦，聚集一批物联网、移动互联网、三网融合等研发设计运营总部，打造信息网络技术创新中心、认证测试中心和综合体验展示中心，形成产业高端高效高辐射的源头。

8.2.2 上海市

根据国家电子商务发展规划及本市信息化发展规划的有关要求，积极推动电子商务发展工作，近年来上海各类移动电子商务应用快速发展。

1. 基本发展情况

电信运营商加快移动电子商务业务创新。上海移动继世博手机门票应用后，加快推动包括电子渠道、移动商城、手机支付、手机彩票、手机钱包、手机证券等内容的移动电子商务业务，2011年手机支付客户数达到120万；上海电信移动支付业务于2009年5月正式商用，2011年7月开通翼支付账户互联网支付功能，推出在线购买商品功能。2011年11月在全国率先完成本地翼支付账户向中国电信集团翼支付账户的升级迁移，纳入集团翼支付账户的统一管理，新增了网站及客户端方式自助注册账户功能，拓展了翼支付账户支付的应用，丰富了用户使用范围。截至目前，已累计上海本地翼支付用户近5万余户，其中活跃用户数4.3万户，活跃度达86%。上海联通将电子渠道定位为战略主渠道重点打造，2011年5月本地网上商城（shop.10010sh.cn）正式上线，并开发沃商店，手机营业厅，沃邮箱，沃阅读等手机终端应用，实现网上购物、业务办理、邮件收发、手机娱乐等各项活动。截至2011年11月底，上海联通电子渠道交易额为5.5亿元，使用用户数达120万户，办理业务量为1120万笔。

传统电商对移动电子商务发展发挥重要引领作用。大众点评手机客户端独立用户数从2011年开始呈爆发式增长，截止到8月已突破千万，月浏览量超过5亿，其中手机客户端的月浏览量已占到

PC 端月浏览量的 50% 以上。一号店触角伸向移动领域，7 月推出全国首个虚实结合的“两栖超市”——无限一号店，在上海、北京等地各大商圈地铁站安装显示屏，实现“手机拍，随手买”的全新购物模式。百姓网不断提升用户体验，陆续推出“拍了卖”手机客户端，被苹果、步步高、OPPO 等多家知名手机品牌推荐。驴妈妈旅游网推出基于 iPhone 和 Android 的客户端应用，为驴妈妈会员提供便捷的订单查看管理及订单预订、景点类信息查阅的功能。一嗨租车在 2011 年也推出基于 iPhone 和 Android 的智能客户端应用，目前移动终端下载次数已累计达 10 万余人次，并针对企业用户推出基于 iPad 的应用。

银联积极部署移动支付。移动支付业务蕴含巨大市场商机，吸引银行、电信运营商、第三方支付企业等纷纷涉足手机支付领域，手机支付的现场支付对非接触式 POS 的受理需求逐渐增加，银联商务正不断加大传统 POS 机具加载非接触式金融芯片读卡器的改造力度，欲借助 POS 专业化服务领域的传统市场优势寻求新的商机。

2. 发展思路

在移动互联网的大环境下，客户交互的性质和交易速度会发生改变，移动经济下的交易将会以比现在更快速度、更智能、更好的交互性、更个性化的方式为客户提供更多丰富多彩的业务和应用，将运用全能思维，打造互联网模式下真正意义上的移动电子商务模式。

十二五期间，上海将着力以建设开放式互动销售平台为抓手，围绕“手机支付”为支付方式，将更多的应用移植到移动终端上，以摆脱桌面的束缚，将移动终端变成集信息展示、身份认证、业务办理、货款支付为一体的智能设备，并通过建立客户诚信体系，为客户提供可靠安全的服务，以符合未来主流互联网商业演进趋势，符合移动改变生活的主题，为客户提供更多的价值。

打造上海移动电子商务中心。以打造全业务承载电子渠道和综合移动电子商务服务平台为目标，挖掘发展互联网业务，为移动公司乃至为全市移动电子商务发展提供有益经验或模式。具体目标：一是着力固化与拓展现有业务，做大业务规模、提升业务质量；二是充分整合和发挥电子渠道运营效率与业务覆盖渗透作用，做好现有全业务的承载支撑；三是继续加强电子商务业务的探索和开拓，逐步致力于移动互联网和电子商务业务的发展。

8.2.3 成都市

2009 年以来，成都市委、市政府大力发展电子商务等新兴产业。在《成都市电子商务发展规划（2009—2012）》中明确提出要发展基于 3G 应用的移动电子商务。在发展路径上，成都选择以中国银联金融卡为核心的移动电子商务发展模式，解决了移动电子商务用户所需的移动网络环境的安全性和金融机构跨行转接清算问题，具有极大的开放性和包容性，避免了依赖单一电信运营商或单一金融机构而产生的排他性问题。2010 年，市政府与中国银联签订战略合作框架，着手共同推进成都移动电子商务发展。2011 年，促成中国银联、中国电信、中国移动、中国联通等机构发布了《加快发展移动电子商务的共同行动纲领》；推动中国银联与京东商城在支付方式上的合作。目前，成都移动电子商务在利用金融卡实现移动支付领域已经开始普及应用，仅中国银联就已发展移动电子商务用户数量15万户，2011年内有望实现100万用户发展目标，在全国范围内处于领先地位。

1. 中国银联移动电子商务示范基地建设初见成效

2011年4月28日，中国银联移动电子商务示范基地在落户成都，吸引深圳江波龙、北京华彩盈通、昆山票宝宝等企业和成都艾普科技、隆源大通、支付通、中联信通等本土移动电子商务行业相关企业纷纷入驻，初步形成了移动电子商务产业链，覆盖程序开发、商务应用、硬件制造、产品营销、市场推广的各个环节。

2. 开放政府资源，提供了便民服务

通过开放市级相关部门政府资源，移动电子商务便民应用工作进展良好。市地税局正式上线启动了纳税人通过成都地税网上办税服务厅申请领购发票的网上领购发票项目，第一期覆盖2200户纳税企业。市工商局已实现利用手机精确查询企业和个体工商户基本信息功能，可为民众提供30多万家企业和70多万户个体工商户信息查询服务。市人社局已经开通了社保信息查询，完成了手机支付缴纳社保费的程序开发和测试工作。市三医院手机门诊挂号及支付程序正式发布应用。教育、交通、交管等部门也正按计划实现便民服务的逐步开放。到2012年，成都将在全国中心城市率先实现政府公共服务资源的全面开放，一批商务应用也将随之在社会普及。

3. 形成了核心技术标准

中联信通公司研发的手机跨平台系统X-Face，成功解决了手机支付程序在不同操作系统的移植和应用。该项技术成为全国银联系统推广的唯一平台，成都企业研发的技术有望第一次成为全国标准。未来基于中国银联手机支付系统的商务应用将集中于成都，加上中国银联电子票据创新业务中心的同步发展，诞生于成都的手机支付技术、应用开发标准、商业推广模式和结算渠道将齐聚成都，成都在全国移动电子商务发展领域内有望获得行业标准发布的话语权。同时，摩宝、商通公司也获得第三方支付牌照，并在相关技术领域取得突破。

4. 初步形成产业发展扶持体系

在《成都市电子商务发展规划（2009—2012）》中明确提出，以无线城市建设及其开发应用为重点，抢占移动电子商务发展制高点，大力支持相关企业与基础电信运营商、内容开发商和服务支持商合作建设“无线城市开放式多媒体综合应用服务平台”，积极推进各领域的应用接入。在2011年度电子商务专项支持资金实施意见中，首次提出对成都市移动支付服务商、内容提供商和推广服务商市场拓展活动的场租费和宣传资料费（不包括广告费）给予企业补贴支持。在此基础上，成都市提出2011年重点扶持手机支付用户发展鼓励政策，并将加快出台支持移动电子商务发展的专项规划和支持政策，从政策层面为全市移动电子商务的发展提供保障。

5. 加快推进了信息化基础设施体系建设

实施宽带网络覆盖工程，重点推进 3G+WiFi 的无线宽带建设和光纤网络覆盖工程，提升物联网应用的网络支撑能力；加快构建物联网、云计算数据与灾备体系，重点推进中国电信、中国移动等通信运营商的 IDC（数据中心）基地布局成都；加快构建云计算产业体系，在继续抓好曙光云计算中心、万国数据中心等项目的基础上，重点探索支持物联网应用和产业发展的计算、存储、安全、传输资源在云计算模式下的 IaaS、PaaS、Saas 服务。

8.2.4 深圳市

目前，深圳移动电子商务重点还是通过城市总体规划当中的重点工程以及对于区域电子商务和互联网企业的扶持政策来体现，重点发展目标是无线城市基础建设、移动电子商务民生应用和移动支付服务标准化体系。从深圳本地的移动电子商务发展情况看，总体的市场规模预计 2011 年度会达到 10 亿元的规模，移动电子商务用户数在 400 万人左右，在实物交易市场，代表性应用产品“手机深圳通”在 2011 年 9 月的用户规模已经达到 15 万人，预计 2011 年底将可能突破 50 万，整体实物移动电子商务用户规模在 2011 年度将达到 60 万～70 万人左右。

深圳移动电子商务的主要思路是由政府牵头，以工业化和信息化融合和城市产业升级为战略目标，通过电信运营商和其他技术支撑企业提供解决方案，由各职能部门协助推广，以公共交通、便利商户、餐饮娱乐、电子票务、移动金融服务作为主要抓手，要求重点推广民生领域电子商务应用，以新技术带动产业升级，发掘消费潜力，同时改善民生环境，提倡便利生活，实现社会效益和经济效益的双向发展。

从深圳市当前移动电子商务产业发展情况看，主要的产业应用模式是电信运营商主导模式，包括近场支付和远程支付两大类。近场支付主要是通过运营商在移动终端和 SIM 卡当中集成硬件功能模块，并开设额外的移动支付账户实现移动电子商务功能。远程支付主要以应用服务和移动商城的模式体现，手机彩票和由广东移动推动的移动商城模式是当前这一类应用的代表，运营商在其平台上开设实体和虚拟商品结合的移动商城平台，用户可以通过手机账户或者线下支付的方式在移动端完成整个购物过程。另外，淘宝、京东、拍拍等大型网上商城也纷纷推出了基于智能手机终端的移动应用，在这一类平台的交易额未来也将会成为移动电子商务市场重要的组成部分。

8.3 区域特点分析

（1）中国移动电子商务已经初步形成“东部沿海地区”和“西南地区”集聚发展的总体发展空间格局，环渤海、长三角、珠三角、成渝四大区域的移动电子商务产业先发优势明显。

（2）中国三大移动电子商务试点城市和试点省成效显著，成为手机支付领域以及移动电子商务领域发展的领军者，为手机支付业务的开拓和关键技术的研发作出了积极贡献，并向移动电子商务全领域推进，成为影响经济社会发展的新兴力量。

（3）非试点城市和区域，移动电子商务发展主要还是由电信运营企业和银联来促进推进，但是随着移动电子商务重要性的日益提升，当地政府也逐步重视移动电子商务应用以及产业的发展。

（4）随着移动电子商务深入发展，传统电商将引领未来移动电子商务发展，凭借电子商务发展基础和产业优势地位，北京、上海、杭州以及深圳等城市和区域，将成为移动电子商务发展的热点区域，推动电子商务向移动电子商务加快转移和拓展。

（5）未来中国移动电子商务发展布局呈现五大趋势：

① 行业主管部门、地方政府和核心企业相互合作，成为中国移动电子商务发展的核心模式，同时地方政府的重要性日益增强；

② 东部沿海“三大”地区集聚与辐射双重效应将愈发显著，结合各自区域产业特点，有望形成移动电子商务发展航母，推动移动电子商务产业各环节的全面发展；

③ 中部、西南等地区把握产业升级转移和国家区域战略契机，有望成为移动电子商务发展的核心产业区域；

④ 各地方省市中心城市，将发挥区位优势，利用优惠政策等有利条件，在全国范围内推动移动电子商务与特色产业深度融合，做大做强电子商务这个新兴产业；

⑤ 移动电子商务应用向各大中小城市以及各行业渗透，有望形成并出现覆盖全国的移动电子商务业务领域，呈现星火燎原的发展趋势。

第九章 中国移动电子商务产业链及发展情况

9.1 移动电子商务产业链

移动电子商务体系是一个包含消费者、商家、电信运营商、平台运营商主体在内的商务系统，该体系还包括起支撑作用的终端厂商、支付与金融服务商、搜索服务商、物流商和其他类型服务提供商，体系内各主体之间存在信息流、资金流和物流，各主体承担提供接口、应用和服务的角色。移动电子商务产业链如图 9.1 所示。

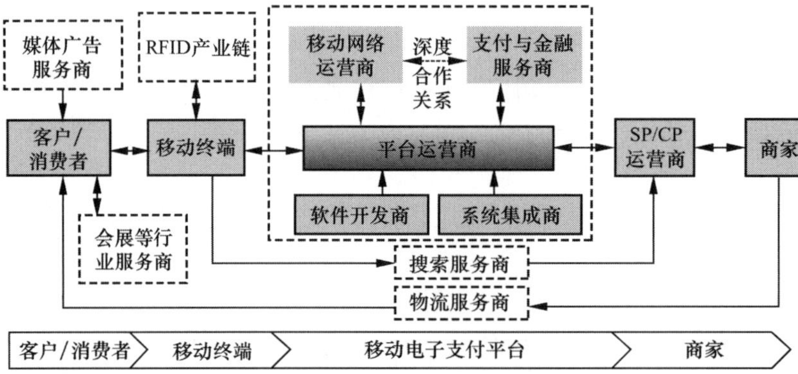

图 9.1 移动电子商务产业链

以运营商、金融服务提供商为主体，联合终端制造商、系统集成商、软硬件开发商、移动电子商务运营商，以移动支付为基础的移动电子商务产业链正在初步形成。移动电子商务产业链中的各主体如图 9.2 所示。

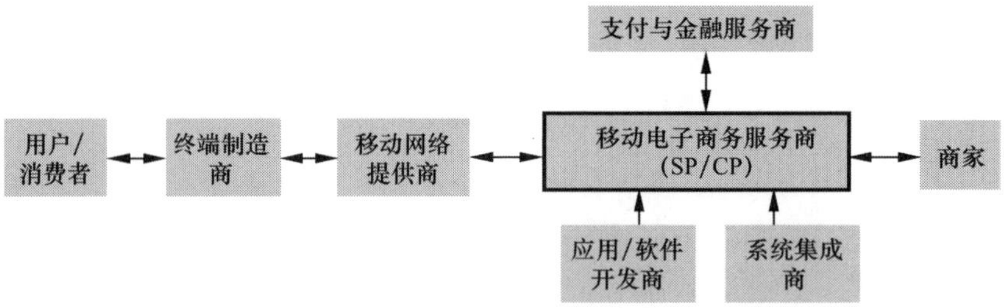

图 9.2 移动电子商务产业链主体

产业链中各主体依据其行业属性可分为制造业和服务业。制造业负责移动电子商务中的终端相关硬件的研发设计、加工制造、集成组装等工作，具体可分为芯片制造商、卡制造商、POS 机制造商等。服务业分为软件开发与集成服务和应用服务，其中软件开发与集成服务负责为移动电子商务中涉及的软件和平台开发提供服务，包括软件开发商、软件运营支撑部门、系统集成商等；应用服务指向移动电子商务使用者提供直接服务，包括电信运营商、银行、第三方支付企业等。

工业和信息化部联合中国移动在全国开展国家移动电子商务试点示范工程，以中国移动为主导，联合一批有实力的合作伙伴，推进移动电子商务在日常生活和企事业生产中的应用，取得了良好的经济和社会效益。中国银联以手机支付为核心，通过联合相关的 POS 机生产商、手机生产商、软硬件制造商、行业合作伙伴等，在全国各地开展移动电子商务试点项目。中国形成了以中国移动和中国银联为主导，建立与合作伙伴共赢的商业合作模式，密切配合，形成我国移动电子商务产业链，相关企业的技术能力和业务能力不断增强，拉动了这一新兴产业的发展。

中国移动先后组织数十家产业链的上下游企业参与产品的研发和产业化。一批芯片厂商配合中国移动推出了 RFID 芯片，成为全球第一个穿透手机终端的射频技术。柯斯、东信和平等卡商，完成了通信芯片和射频芯片的集成、卡片的封装和底层操作系统开发。百富、中钞、南天等 POS 厂商集成非接触读头，完成了 POS 终端的封装和软件开发。高阳、结行等专业第三方支撑方完成了基础平台的建设和维护。应用开发商分别建设了业务管理平台。围绕移动电子商务的业务拓展还聚集了商户拓展商、POS 服务商等一批相关服务支撑企业。在移动电子商务试点示范工作的带动下，湖南、重庆、广州三个试点省市正在形成移动电子商务的产业集聚区。

国际上移动电子商务产业链的中心是移动支付，中国银联拥有金融机构大额结算的特权，在移动电子商务产业链中有着独特的优势。中国银联以移动支付为中心，确定 NFC 13.56M 为移动支付标准。联合国内商业银行、中国联通、中国电信等倡导成立移动支付联盟，共同促进移动支付在国内的普及。中国银联联合国内 POS 机制造商，着手对国内 POS 机进行改造，使之符合移动电子支付的要求。

9.1.1 芯片制造商

9.1.1.1 NFC 芯片制造商

NFC（近距离无线通信）是由飞利浦公司发起，由诺基亚、索尼等著名厂商联合主推的一项无线技术。NFC 具有双向连接和识别的特点，工作于 13.56MHz 频率范围，作用距离 10cm 左右。

恩智浦半导体（NXP Semiconductors）是由飞利浦成立的独立半导体公司，于 2011 年 7 月公布世界首款真正达到行业标准的 NFC 控制器，为手机制造商和移动运营商提供完全兼容的平台，用以推出下一代 NFC 设备和服务。恩智浦新的 PN544 芯片基于欧洲电信标准协会（ETSI）制定的最新 NFC 规范，将能带给手机用户一系列新的非接触式应用，如移动支付、交通和大型活动票务以及直接从手机 SIM（用户识别模块）卡进行数据共享等，改善用户的在途体验。法国近场通信芯片制造商 Inside Secure 宣布 2011 年公司 NFC 芯片出货量已达到 1000 万片，主要用于黑莓智能手机上的手机支付功能。博通在 2011 年建成了一条近场通信技术芯片生产线，芯片节能效率比同类产品高出 90%，同时尺寸小 40%。

9.1.1.2 RFID 芯片制造商

RFID 芯片的国内的主要制造商包括远望谷、国民技术有限公司、北京泛在电子标签技术有限公司等。原信息产业部将 RFID 工程列入“十一五”期间信息技术应用的六大专项工程，在商贸、海关等多领域推广应用 RFID 技术和基于 RFID 的综合管理信息系统，科技部“863”计划也为 RFID 技术与应用提供了大量资金进行扶持。随着产业政策扶持力度的加大和应用领域的日益广泛，RFID 公司的发展空间将更加广阔。

目前国内 RFID 芯片制造知名的厂商包括国民技术、上海华虹、复旦微电子、中芯国际、远望谷等。国民技术是中国移动首批 RFID 芯片中标单位，拥有多项 RFID 芯片核心专利，推出基于 2.4GHz 的移动支付解决方案，实现手机现场刷卡支付、刷门禁，在线支付、转账等活动。远望谷公司是国内领先的超高频 RFID 厂商，RFID 在铁路市场取得垄断地位，并开拓烟草、图书等领域。

9.1.1.3 SIMpass 芯片制造商

SIMpass 是一张双界面的多功能应用智能卡，具有非接触和接触两个界面。接触界面上可以实现 SIM 应用，完成手机卡的通信功能；非接触界面可以同时支持各种非接触应用。手机开机时，SIMpass 支持非接触应用和电信应用同时工作，在拨打接听电话以及收发短信的同时进行非接触交易。在手机关机和手机电池没电的情况下，SIMpass 卡就像一张普通的非接触卡一样也可以正常工作。SIMpass 卡支持的应用包括：移动集团针对个人应用开展的移动支付类项目、PBOC 电子钱包支付应用、QPBOC 借记 / 贷记支付应用、城市一卡通应用、校园一卡通应用、企业内部应用（门禁、考勤、食堂、小卖部等）。

SIMPass 主要有 2 个缺点：一是硬件更换成本高，用户要享用方便快捷的移动支付必须拥有能支持 SIMpass 的手机终端，商家须配备相应的结算终端；二是 SIMPass 方案占用了高速数据下载端口，会对未来的高速空中下载应用造成影响。

国内主要的 SIMpass 生产商是握奇数据和恒宝股份。握奇推出 SIMpass 数据单芯片移动支付解决方案，将安全模块、支付模块、电信模块和应用模块集成在 SIM 卡上，实现高安全、低成本、多兼容的一卡多用，拥有 SIMpass 芯片技术核心专利，包括混合模式工作情况（同时打电话和做支付）、天线组件、空中圈存、银行到手机之间的转账等。

握奇数据联合企业在多个省市开展 SIMpass 试点应用。湖南移动于 2006 年下半年开始进行 SIMpass 试点工作，应用范围包括湖南移动办公大楼门禁、食堂消费、小卖部消费、美容美发消费及停车场缴费，试用人数达 500 人。厦门移动采购两万张 SIMpass 卡用于公交一卡通的应用。中国移动集团总部、广东移动公司已将 SIMpass 用于大楼门禁、内部食堂、小卖部等，员工充分体验这项技术带来的便利。泰国移动运营商 TrueGroup 已签订 10 万张 SIMpass 卡合同，用于麦当劳、影院的消费。

9.1.2 POS 机制造商

POS 机具有实时通信能力和严格的安全保障，可以根据商业用户的业务需求开发出多种业务处理功能，目前 POS 机已被广泛应用于大中型超市、饭店、商场、连锁店等销售及服务行业，并逐步扩大其应用范围到其他领域，如餐饮业、大型医院、高校等，POS 机在商务活动中的使用普及率日益提高。

传统的刷卡支付，POS 机读取银行卡上的信息，将相关数据信息传送至银行进行处理，POS 机支付过程中的信息来源是银行卡。国内传统的 POS 机生产厂商包括福建联迪、Verifone 等公司。

中国银联在全国试点移动支付，消费者在购买商品时直接在商家的 POS 终端刷手机，用户以手机替代银行卡进行现场支付。中国银联制定了手机支付 POS 机相关标准，并联合 POS 机生产厂家对现存的 POS 机进行改造，使支持手机支付的 POS 机比例逐步提高。根据银联的信息统计，目前全国范围内有 380 万台 POS 机，其中 200 万台是银联直铺，目前已有 60 万台完成手机支付的技术改造，计划到 2013 年底全部 380 万 POS 机将都可以支持使用手机支付。

福建联迪是中国国内重要的 POS 机生产厂商。2008 年联迪商用成功占据国内金融 POS 产品近 40% 的市场份额，跻身于全球十大 POS 供应商之列，是目前国内最大、最专业的从事安全电子支付领域相关产品和系统解决方案的供应商。

9.1.3 软件提供商

软件提供商为开展移动电子商务的网站、平台提供信息及应用入口，为平台向用户提供应用功能，负责对数据、信息流的获取、处理等功能，为用户提供良好的商务使用体验，是移动电子商务中不可或缺的重要组成部分。为开展移动电子商务活动而提供的网页开发、用户界面设计、功能模块实现、集成测试等软件开发活动的厂商均可列入移动电子商务软件提供商的范畴。

9.1.3.1 客户端接入软件提供商

客户端接入软件运行于用户的手机、PDA、平板电脑等移动终端上，是用户进行移动电子商务活动切入点，客户端软件的设计直接决定了用户对移动电子商务的体验效果，是移动电子商务产业链中非常重要的一环。

移动电子商务客户端接入软件完成的功能包括提供电子商务平台的入口，对用户的行为和数据进行处理、提交和收集反馈信息。客户端接入软件分为应用程序手机客户端和第三方浏览器。

1. 手机客户端软件

与传统的电脑客户端软件相比，手机客户端的优势是用户可以在任何时间任何地点，在有手机信号的地方通过手机终端，登录电子商务平台进行购物消费，选择自己喜欢的商品，进行网上支付交易。

手机客户端软件通常采用与电脑客户端软件相同的主题风格和操作流程，减少用户的陌生感，为用户营造与电脑登录同样的良好体验。同时根据手机终端屏幕小、分辨率低等特点，推出针对性改善用户体验措施。手机客户端软件提供了对某个移动电子商务平台的访问接口，有利于该移动电子商务平台的业务推广。打破了在固定电脑前访问的限制，为用户创造了随时随地的访问的自由，必将带动移动电子商务平台业务的快速发展。

应用程序客户端一般由移动电子商务平台开发商提供，用户下载安装。移动电子商务中的客户端分为平台访问客户端和交易客户端。

近年来随着智能手机和 PAD 普及率的提高，移动电子商务平台运营商为了提升移动电子商务平台的黏性，为消费者提供随时随地的接入，纷纷推出不同版本的平台访问客户端，如 Android 版本、iPhone 版本、iPad 版本、Symbian 版本等。这些客户端的下载和使用，使得消费者可以在非电脑终端上，完成平台内容浏览、下单、支付等功能，为移动电子商务平台运营商带来了丰厚的收入。国内各大移动电子商务平台运营商如淘宝网、当当网、京东商城、凡客等均推出了多版本的客户端，并且由客户端带来的访问量占全部用户访问量的比例逐步提升。

支付作为移动电子商务中的重要环节，随着智能手机和 PAD 普及率的提升，也出现移动化的趋势。国内的第三方支付如支付宝、财付通、嗖付、环讯支付等均推出了 Android、iPhone 等版本的客户端，用户可以在手机、PAD 上完成支付、财产转移等操作。银行、保险、证券为等金融机构，也推出了自己的客户端，客户通过客户端可以像在柜台一样进行信息查询、资金操作、业务交易等，节约了用户的时间，为用户使用客户端进行业务操作提供了便利。

2. 手机浏览器软件

移动互联网第三方浏览器软件，已经在移动互联网发挥了门户网站式的重要作用。浏览器软件提供商将形成对用户信息及应用入口的有效控制，移动电子商务服务平台将更多地依靠应用软件提供商提供用户进入的通道。

用户使用浏览器软件在手机等终端上接入互联网，进行信息浏览、商务活动。浏览器为用户提供互联网的接入点。浏览器可以记录用户的个人信息、手机终端信息、使用习惯等重要信息，这些信息在移动电子商务中至关重要。浏览器是用户进入互联网的窗口，浏览器页面上的内容，是用户进入互联网前最先获得的信息。浏览器上通过导航链接广告，展示商家信息，将吸引更多的用户进行访问。浏览器通过对用户信息及应用入口的有效控制，必将在移动电子商务中发挥越来越大的影响，移动电子商务服务平台将更多地依靠应用软件提供商提供用户进入的通道。

手机浏览器软件使得手机用户在手机上轻松、快捷地完成同互联网之间的信息交互，是手机用户接入互联网的有效工具。针对不同的手机，手机浏览器通常会开发出不同版本的客户端，支持包括 Nokia、MOTO 等众多品牌多款型号手机，以及 Symbian、Android、iPhone 等智能手机平台。手机浏览器运用一系列技术提升手机用户上网体验：浏览器页面简洁美观，执行效率高，完成软件网络接入设置；缩放浏览模式，在手机上更真实还原页面的原貌；数据加密压缩传送算法，提供安全浏览，提升了页面数据加载速度，降低浏览所需流量。

国内主要的手机浏览器包括 UCWEB，OPERA，QQ 浏览器等。来自调查公司 Statcounter 的数据显示，2011 年第二季度中国国内手机浏览器市场 UCWEB 市场占有率达 58.2%，Nokia，iPhone 的浏览器的市场占有率分别为 20% 和 10%。这三种手机浏览器占据了手机浏览器份额的接近 90%。根据工业和信息化部的统计，截至 2011 年第二季度中国国内手机网民用户数量达 3.18 亿，基于浏览器庞大的用户群体及其对用户信息和商家接入的控制，浏览器软件必将成为移动电子商务产业链中的重要主体。

9.1.3.2　商务平台软件提供商

移动电子商务的进行需要平台的支持。商家通过平台发布商品信息、购买流程，用户通过平台获取所需的商品和其操作相关信息，向平台提交请求并得到反馈信息。平台作为商家和用户的桥梁，是移动电子商务中不可或缺的基础资源。

移动电子商务平台承担着数以百万计的商品信息发布，需要同时接受几千、几万甚至几十万用户的同时访问，需要实现复杂的流程，这些特点决定了移动电子商务平台需要一个专业的软件开发团队来完成平台的开发、测试、维护和升级工作。国内一些移动电子商务平台其背后均有专业的软件开发团队来支撑平台的运营，如淘宝网、京东网、当当网背后均有一个软件开发团队。国内的移动电子商务平台基本采取此类方式运营，商务平台软件提供商为各商务平台公司的开发团队。

普通的商户在缺乏软件开发知识、缺乏了解网络协议、缺乏平台软件架构知识的情况下，是无法自己开发自己的移动电子商务平台的。商户采取入住大型移动电子商务平台的方式，通过平台提供的接口，在平台上发布商品信息，收取货款等。国内的大型移动电子商务平台如淘宝网、拍拍网等皆是此种方式。由专业的软件开发团队，搭建构造移动电子商务平台所需的各个模块，根据用户的需求，为用户搭建其所需的移动电子商务平台。

国内较大的移动电子商务平台包括淘宝网、拍拍网、当当网、京东网、凡客。

9.1.4　电信运营商

电信运营商处于移动电子商务产业中信息交汇的核心地位。电信运营商拥有移动电子商务末端的用户资源，移动电子商务的应用服务均需通过电信运营商的信息通道进行。电信运营商因其在移动电子商务产业链中位置的特殊性，在移动电子商务产业发展中发挥极其重要的作用。中国三大电信运营商均已在移动电子商务中开展多项措施，希望在移动电子商务未来的发展过程中占据有利地位。

9.1.4.1 中国移动

目前中国移动在全国各省市进行了移动电子商务的试点工作，中国移动建设了全网统一的手机支付平台、密钥管理中心等移动电子商务基础平台，与公交、超市、影院、医院、景区、学校等合作，在全国各地开展了公共交通、公共事业缴费、消费购物、一卡通、电子票务、旅游、金融、医疗、教育等领域的多项试点应用，方便了人民群众生活，带动了移动电子商务产业链的发展，形成了新的经济增长点，促进了行业信息化，带动产业升级，取得良好的经济和社会效益。同时中国移动推出多项举措，促进移动电子商务的发展。

1. 中国移动首推手机通宝平台

中国移动建立移动电子商务平台，协调合作伙伴资源，共同推动移动电子商务。

2011 年 5 月，中国移动推出“手机通宝能力认证平台”，依托中国移动证书授权中心，以 PKI 体系为基础设施，利用手机通宝卡内置移动客户数字证书和非接触技术，客户可以便捷、安全地访问各种移动数据增值业务、互联网服务和第三方行业应用等新型电子商务应用。

在技术安全上上手机通宝采用国际标准 13.56MHz 无线频率、X.509 证书格式，在卡片上采用了内置数字证书的金融级安全智能芯片卡，在交易环节采用了多种安全加密技术，保证各项功能的安全。手机通宝支持静态密码、短信密码、动态密码等多种安全保护措施。在发生大额消费时，系统自动通过短信通知客户账户变动情况，核实每笔交易，实现消费更安全、更便捷。移动用户则可以不换卡、不换号、不换手机轻松办理手机通宝一卡通。

2. 中国移动手机支付公司成立

中国移动成立手机支付公司，消除移动电子支付对中国移动发展移动电子商务的潜在障碍。

2011 年 7 月 1 日，中国移动手机支付公司“中移电子商务有限公司”获得营业执照。中移电子商务有限公司由中国移动湖南公司全额出资成立，注册地为湖南长沙，注册资本为 5 亿元，由中国移动电子商务基地运营，公司主要负责运营中国移动手机支付业务。中国移动手机支付公司的手机支付业务包括“手机支付”和“手机钱包”两项业务。

2011 年 8 月 2 日中国人民银行长沙中心支行发布了《中移电子商务有限公司关于申请〈支付业务许可证〉的公告》，申请的支付业务包括：互联网支付、移动电话支付、货币汇兑、预付卡发行与受理以及银行卡收单等五项业务。

中移电子商务有限公司与中国工商银行正式签署备付金存管协议，中国工商银行成为中国移动手机支付业务的备付金存管银行。

3. 浦发联合中国移动推出手机钱包联名卡

中国移动在地方开展推动移动电子商务的多种举措。

2011 年 10 月中国移动湖南分公司与浦发银行长沙分行联手推出“手机钱包联名卡”，将手机卡、信用卡和借记卡融为一体，是国内首张具备手机支付功能的联名金融 IC 卡，符合 PBOC2.0 标准，具有借、贷记卡功能，若卡主是中国移动手机用户，还能通过手机附带的外挂（贴）式手机卡，在具备“银联 QuickPass”的机具终端上小额快速消费。

联名卡“三卡合一”，由一张标准磁条卡和一张手机卡组成，标准磁条卡的正面是信用卡、背面是借记卡；手机卡是一张非接触式金融 IC 卡，金融 IC 卡里有两个账户：电子现金账户和小额信用卡账户。使用时若要区分信用卡和手机钱包渠道，只需在 POS 机上作出选择即可。

9.1.4.2 中国联通

1. 中国联通发力移动支付

中国联通联合产业链各方积极推出多项举措，扩大中国联通在移动电子商务产业链中的影响力，积极发展移动电子商务用户。

2011 年 5 月 10 日，中国联通与中国银行签署战略合作协议，并正式建立战略合作伙伴关系。双方将利用各自的网络资源、客户资源和渠道优势，在国际业务、手机银行、移动支付、电子商务、信息服务等领域展开合作。

5 月 11 日，中国平安与中国联通在深圳签署战略合作协议，正式建立全面战略合作伙伴关系。中国平安将为中国联通提供“一揽子”综合金融服务。中国联通为中国平安提供 3G 业务、基础通信和互联网等服务。双方将在移动支付、渠道资源以及客户共享等方面进行全面合作。

5 月 20 日，中国联通携手支付宝推出“手机营业厅”，提供手机、固话、宽带、小灵通交费充值业务。业务将逐步扩大至出售充值卡、3G 号码套餐、手机等产品。

2. 中国联通支付公司成立

中国联通成立支付公司，为中国联通日后发展移动电子商务打下基础。

2011 年 4 月，中国联通旗下联通沃易付网络技术有限公司正式成立。联通沃易付注册资金为 2.5 亿元，由中国联通全资出资成立。2011 年 8 月 16 日消息，中国人民银行发布公告称中国联通子公司“联通沃易付网络技术有限公司”已向央行营业管理部提交《支付业务许可证》申请，申请在全国范围内开展货币汇兑、互联网支付、移动电话支付、固定电话支付、预付卡发行与受理、银行卡收单等业务。

9.1.4.3 中国电信

1. 中国电信成立支付子公司

中国电信成立支付子公司，拓展移动电子商务应用。

2011 年 3 月，中国电信成立支付子公司——天翼电子商务有限公司。天翼电子商务有限公司是中国电信集团公司深化企业战略转型投资组建的全资子公司。业务涵盖移动支付、固网支付及积分支付等领域，面向个人用户提供安全、便捷、时尚的电子商务服务。面向商户提供专业化的电子支付平台及解决方案。

中国电信在移动支付上将分三个部分：一个是面向大众的支付业务，主要是中国电信自有的账户体系的建设，跟通信账户的关系，以及面向大众提供核心的支付业务；第二部分是集团和政企客户，完善集团客户的信息化工作，让集团客户享受 3G 移动带来的信息化成果；第三部分是中国电信与银联及第三方行业账户的运营。目前，用户主要面向个人和企业用户。对于个人用户，天翼支付公司主要提供安全、便捷、时尚的电子商务服务。面向中国电信联盟商户及合作伙伴提供专业化的电子商务平台及解决方案。

2. 北京电信携手银联启动手机支付

中国电信在地方采取多种举措发展移动电子商务用户。

2011 年 10 月北京电信免费为天翼用户升级开通中国银联手机支付功能，免费办理“银联翼宝”手机支付卡，将手机升级为一台移动支付终端。

北京电信网上营业厅发布公告，正式在全市市区郊区近 70 家电信自有营业厅开放免费更换手机支付卡的业务，为用户免费办理“银联翼宝”手机支付卡。中国电信使用银联的手机支付标准。

银联翼宝是中国电信与中国银联共同打造的手机支付应用产品，用户只要更换一张 UIM 卡，通过使用绑定在 UIM 卡上的任意一张个人银行卡进行支付，就可以随时随地为手机充值缴费、享受金融服务。银联翼宝在 UIM 卡金融安全区内可保存 10 张个人银行卡信息，用户可通过手机为个人银行卡进行转账、余额查询，实现信用卡免手续费还款、缴费或充值等功能，同时还包含了购买彩票、游戏点卡等消费功能和身份信息核实的认证功能等。

用户到北京电信营业厅免费更换银联翼宝 UIM 卡后，即可将手机升级为一台移动支付终端，本次发放的银联翼宝 UIM 卡，集电信 UIM 卡及金融 IC 卡与一体，既实现了标准的电信应用，也实现了金融支付功能。

北京电信表示，在营业厅里的免费换卡和绑定银行卡的操作过程都很简单。一部带支付功能的手机，等同于一部已安全存储用户账户信息的 POS 机，用户带着这部手机，就可以实现如现在常用的 POS 机刷银行卡的功能。

9.1.5 中国银联

中国银联是中国银行卡联合组织，处于银行卡产业的核心和枢纽地位，是实现银行卡系统互联互通的枢纽。依托银联跨行交易清算系统（CUPS），中国银联制定和推广银联跨行交易清算系统入网标准，统一银行卡跨行技术标准和业务规范，形成银行卡产业的资源共享和自律机制，从而对银行卡产业的发展起到引导、协调、推动和促进作用。基于支付在移动电子商务中的重要地位，银联在移动电子商务发展过程中，将发挥重要的角色。

中国银联联合地方政府、手机厂商、移动电子商务平台运营商移动电子商务，推出多项举措，推进以银联为核心的移动电子商务的发展。

1. 银联打造移动电子商务产业基地

2011 年 8 月，由中国银联和成都市成华区政府共同打造的“移动电子商务产业基地”在成都揭幕。银联将在四川开启中国银联的手机支付，消费者在手机 SIM 卡上进行微小改动即可用手机实现缴费、充值、转账、买电影票等金融和消费业务。成都市成华区设立每年 5000 万元的现代服务业发展专项引导资金，对电子商务平台建设商、平台运营商、应用企业等给予扶持，尤其对移动电子商务产业链企业给予开办费、租金补贴、税收扶持等方面特别支持。

2. 银联与与电商开展支付战略合作

2011 年 8 月 31 日，中国银联与网络零售商京东商城在成都签署战略合作协议，共同推动基于银联互联网支付和银联手机支付的电子商务应用，而银联手机支付加载京东商城手机客户端在成都启动试点。

京东商城官方表示，继 2011 年 6 月京东商城接入“银联在线支付”之后，此次签约将进一步推动双方在线下、线上的支付应用合作。

根据此次签署的协议，双方将共同推动电子商务网站“京东商城”在银联互联网支付、银联手机支付等领域的应用和推广，并整合双方资源，共同打造互联网及移动电子商务平台。同时，通过双方合作，立足成都推动移动电子商务发展，吸引更多移动电子商务企业集聚成都，为成都电子商务基地建设起到积极的推动作用。

此次发布的“银联手机支付”内置了京东商城应用程序，用户登录后，便可以随时、随地的进行购物。银联手机支付的用户只需将绑定了银行卡的银联 SD 卡置入手机，可一站式享受多种远程支付服务，包括公共事业缴费、信用卡还款、余额查询以及京东商城在线购物等。

3. 银联手机支付亮相河北

2011 年 9 月中国银联河北分公司在石家庄国际会展中心的 2011 河北国际信息产业周上宣传推广“银联手机支付”，在石家庄推广其手机支付业务，并向市民推出体验促销活动，市民刷银联信用卡消费满一定金额即可获赠银联手机支付产品。用户将符合银联标准的金融智能 SD 卡置入手机，安装卡上预存的客户端软件，输入自定义密码后，登录客户端，就可一站式享受多种远程支付服务，例如交话费，信用卡还款，查询银行余额，预购电影票、火车票、飞机票，网上购物等。在支持 NFC 功能的手机终端上使用银联 SD 卡，更可同时在支持非接触式支付的 POS 终端现场“刷手机”支付。

4. 联合手机厂商发布银联支付智能手机

2011 年 8 月中国银联与 HTC 宣布首款银联移动支付智能手机 HTC 正式发布。在手机 SD 卡中内置了支持中国银联标准的手机支付方案，具备手机银行、信用卡还款、缴费通（移动、联通、电信、电费等）、余额查询等远程支付功能，并支持银联 POS 机刷卡消费等近场支付。

9.1.6 第三方支付企业

移动电子商务中的重要一环是进行支付，对前期进行的商务活动的确认，是商务活动结束的标志。移动支付方案可以分为两种基本模式，现场支付和远程支付。现场支付通过手机刷 POS 机等进行支付，远程支付的用户使用手机、互联网等方式，发送支付指令，为购买的产品与服务进行支付，给用户提供随时随地的购物体验。

消费者远程支付，可以将消费的金额直接付给商家，也可以通过第三方支付平台，由第三方支付平台向商家转付消费金额。第三方支付具备一定经济实力，具有良好的信誉保障，与国内各商业银行签约，通过与银行支付结算系统接口实现资金在银行和第三方支付平台之间的流转。第三方支付平台是远程支付中的重要主体，作为消费者和商家交易的桥梁，是解决远程支付过程中信用问题的有效手段。国内主流的第三方支付平台包括支付宝、财付通、快钱等，这些第三方支付平台均已推出了手机客户端版本。

国家为了规范第三方支付企业的发展，明确第三方支付企业的权利和义务，于 2011 年制定了第三方支付企业管理办法，并对满足要求的第三方支付企业发布了牌照。这是首次从国家层面上对第三方支付企业的运营进行了规范，有利于第三方支付企业的长远发展。

1. 第三方支付的商业模式

第三方支付兴起的缘由基于网上购物的消费欺诈。消费者直接向商家付款后，由于不是现场交易，消费者无法立刻对所购买的货物进行验收，需要在货款支付之后由商家向消费者发送货物。支付和收货的时间差异，导致消费者可能受到劣质商品，所收到的商品非购买的商品，甚至无法受到所购买商品的情况，致使消费者的权益受到损害。网上购物的消费欺诈使消费者无法认同网上购物的方式，商家难以开展网上购物活动，网上购物的商业模式无法普及。

第三方支付以支付公司作为信用中介，在消费者确认收到商品前，第三方支付运营企业代替买卖双方暂时保管货款。以信用中介的方式解决网上购物消费欺诈。在网上交易过程中，消费者具有购买意向后，向商家支付所购买商品的金额，消费者不是直接将消费金额支付给商家，而是先将消费金额存入消费者在第三方支付平台的账户上，由第三方支付平台向商家进行商品消费金额的支付。商家在消费者消费金额已向第三方支付平台支付的情况下，把货物发送给消费者。如果消费者对商品满意，货款就通过第三方支付平台付给商家；如果消费者不满意，消费者把货物返回给商家，并从第三方支付平台取回货款。此种模式要求客户和商家在第三方支付平台上拥有注册账户。

第三方支付运营企业在移动电子商务中注重与银行的合作，与多家银行合作建立业务关系，消费者可以通过第三方支付平台使用多家银行服务。第三方支付平台，作为桥梁和中介，将商家、消费者、银行连接起来，提供信息服务，结算服务。帮助商家进行营销，为消费者提供便捷安全的支付保证，为银行拓展业务范围，为移动电子商务的发展做出了巨大的贡献。

现阶段国内第三方支付运营企业的盈利模式主要包括：（1）第三方支付平台实现与多家银行的直通服务，帮助商家促使更多消费者选择在线支付方式。使用第三方支付平台的消费者并不是第三方支付运营企业的的收费对象，第三方支付运营企业的盈利主要来自银行的利益分成及按每笔交易向商家收取的服务费。（2）第三方支付运营企业为个人和用户提供网上支付的便捷性，提供了与银行转账功能类似的服务，第三方支付运营企业会根据个人和企业网上支付的资金额度，按照一定比例收取手续费。

2. 第三方支付平台推出手机客户端

随着国内电信网络基础设施的不断发展，EDGE 开通率的提升以及 3G 网络的商用，使得手机下载速度不断提高，通过手机进行商务活动成为可能。国内智能手机的比例不断提升，带动了手机客户端软件的安装。第三方支付运营企业纷纷布局移动电子商务，推出第三方支付手机客户端，使得消费者可以通过手机进行移动支付，打破在普通电脑上的固定位置支付，真正做到随时随地的移动支付。由于手机的易携带性、私密性，手机客户端提供的安全性，基于手机客户端的移动支付未来发展潜力很大。

现阶段国内的主要第三方支付运营企业纷纷布局支付平台的手机客户端软件，支付宝推出各种手机操作系统的客户端，艾瑞咨询的数据表明，支付宝手机客户端的日均支付笔数已经超过 20 万笔。财付通、快钱等第三方运营企业也将在未来推出手机客户端。

3. 央行发布第三方支付牌照

2011 年 5 月，中国人民银行公布首批获得《支付企业许可证》的企业名单，共有 27 家第三方支付企业获得牌照，包括支付宝、财付通、快钱等民营企业，银联商务有限公司等国字头企业。公布的第三方支付牌照覆盖互联网支付、移动电话支付、银行卡收单、预付卡发行与受理、货币汇兑等众多种类型的支付业务。

2011 年 8 月，中国人民银行公布第二批 13 家获得第三方支付牌照的企业名单。自此包括互联网支付、移动电话支付、预付卡发行与受理、POS 收单、货币汇兑、固定电话支付等 7 大业务正式获得国家金融监管部门的认可，从行业的层面讲，通过发放第三方支付牌照，赋予第三方支付企业合法的地位，把第三方企业正式纳入到国家的政策监管体系下，有利于第三方支付行业朝着更加规范、健康的方向发展。从企业层面讲，支付牌照是对获得牌照企业从平台系统、运营管理以及风险控制等各方面资质的一个有效认可，对于提升企业的品牌形象和公信力具有重要作用。

4. 第三方支付开启并购大幕

支付宝和澳大利亚上市公司安卡国际集团（ONC.ASX）旗下的第三方支付服务公司安卡支付达成收购协议。这是继 2011 年 5 月央行颁发首批《支付业务许可证》后，国内第三方支付领域首次公开披露的并购交易。安卡支付变身为一家全内资的第三方支付企业。

安卡支付官方网站信息显示，该公司的运营和数据中心均在上海，业务涉及国内银行卡、国际信用卡、电话支付、线下支付、手机支付等。该公司为一些大型航空公司如国泰航空、港龙航空和长荣航空的乘客提供线上支付服务，并为其呼叫中心提供支付界面。

支付宝此次收购完成这一收购的目的主要在于进军航空领域的跨境支付，引入有丰富经验的安卡支付团队，服务国际航空公司，并与其自身的业务整合，将支付宝的跨境业务带入新高度。

2011 年 8 月预付卡企业“共享一卡通”宣布，该公司的控股方与上海富友金融网络技术有限公司成功达成合作意向，进行战略并购，双方将共同发行与受理“共享一卡通”的业务。上海富友刚刚获得了央行颁发的第二批第三方支付许可证。

苏宁易购收购了正在申请牌照的安徽华夏通的部分股权。

5. 超声波支付国内首发

2011 年 9 月成都摩宝网络科技有限公司在北京发布超声波手机支付“蝙蝠”（“MoBat”）系统，并将其整合进具有“SoLoMoJo”特色的 O2O 移动电商平台“Mo 立方”。摩宝是由央行授予从事全国互联网支付及移动电话支付业务许可的第三方支付公司。摩宝首创超声波手机支付新技术的成功商用，对手机支付行业及 O2O 模式的创新探索带来重大影响，必将推动产业快速发展。

“蝙蝠”是基于超声波无线通信技术，允许电子设备之间进行非接触式点对点数据交互（10cm 以内）实现手机近场支付和更多线下业务服务的解决方案。它主要用于手机等具有音频播放功能的手持终端设备，在不增加和修改硬件条件下快速地实现手机间、手机与终端设备间的近距离非接触式双向数据交互的应用场景中，能为消费者提供时尚、安全、可靠、便捷的消费支付应用。只要有一部能发出声音的手机，就能使用“蝙蝠”支付。

“Mo 立方”是 Mo 宝网络构建的线上线下相结合的 O2O 移动电子商务平台，它由用户、商户和平台为构成主体，通过模拟现实生活场景，基于 WEB2.0 的理念，融合“SoLoMoJo”的移动互联网发展趋势，实现“线下业务线上化，线上线下一体化，电子商务娱乐化”。“Mo 立方”O2O 移动电商平台服务的商户是社会经济消费领域中的中小型长尾商户，能够为其提供广告、促销、会员发展、支付结算等服务，促进用户到线下消费，实现流量转化收入。

9.1.7 移动电子商务平台运营商

9.1.7.1 移动电子商务平台运营商类型划分

移动电子商务的开展离不开移动电子商务平台运营商提供的商品、信息、服务。移动电子商务平台运营商聚集商家提供的衣食住行及娱乐服务产品，为消费者提供购物消费场所。移动电子商务平台运营商基于自身的企业经营状况、资金、产业链控制能力等，定位平台运营内容。移动电子商务平台的运营商主要有传统的电子商务企业、电信运营商、软件服务提供商三类。

传统电子商务提供商在 PC 端电子商务积累了成熟的运营经验，结合移动电子商务出现的新特点，在终端、软件、购物流程、支付等层面进行改进，在移动电子商务中占领市场先机。传统的电子商务企业如淘宝、当当、卓越亚马逊等，依据其在传统电子商务中建立的口碑、声誉，依据其对商家、物流等控制能力，在移动电子商务中依旧保持着市场的领先优势。

电信运营商开展移动电子商务具有很大优势。电信运营商有着最先进的电信技术，为商家和客户提供高速、稳定的接入；电信运营商终端和软件的定制能力，使其可以依据移动电子商务中的技术、用户使用习惯等特点，推出定制的终端和软件，并以话费补贴的形式迅速向市场推广；电信运营商有着广泛的客户资源，长期的电信运营过程中，运营商积累了大量的用户私人信息，成为日后的精确营销的有效手段；运营商拥有百亿甚至千亿的现金，雄厚的资金能力为运营移动电子商务提供了有力保障；运营商规模庞大的用户资源，可以吸引企业和商家以入驻的方式丰富移动电子商务平台的产品线及内容，物流商提供相关的货物运输、商品仓储和配送服务。电信运营商负责平台内容、用户服务和交易服务，对入驻商户进行管理，并为消费者提供良好信誉保障。

中国移动广东移动商城是电信运营商开展移动电子商务的商务平台的优秀示例。中国移动广东移动商城基于广东移动网络平台开发，由中国移动广东分公司负责运营，面向移动手机用户、广大互联网用户，以及商家提供电子商务服务，商城可以通过 PC 和手机两种方式进行访问。在手机端，通过以手机积分、手机话费、专用账户以及手机银行为主的支付手段，通过邮政系统、快递公司向用户配送货品为主的货物流通方式，移动商城实现了商流、物流、信息流、资金流一体化的移动电子商务平台。

软件开发商借助于其对平台开发、运行维护的熟悉，为商家搭建商务平台，吸引商家入驻，吸引消费者消费，开创软件开发商运营移动电子商务平台的先河。用友商街即是用友移动搭建、运营的移动电子商务平台。

9.1.7.2 新型比价移动电子商务平台

比价作为移动电子商务中的一个重要环节，能够向用户提供商品和价格比较，使得用户可以使用更少的金钱选择更多的商品，能够很好的提升用户的消费体验。然而国内长期缺失比价平台。2011年阿里巴巴集团推出比价搜索平台一淘网。

2011 年一淘网布局移动电子商务领域，手机版一淘正式上线，消费者可以在手机浏览器中直接输入网站并访问手机一淘，实现“随时随时”比价购物功能。手机一淘上线后已经获得了大量的用户访问，首日使用购物搜索和比价的用户已经超过十万。

比价是手机一淘主打的核心功能，通过手机一淘能够自动记录与保存相关比价信息，首页还给出了近期热门网销产品及新品的推荐，网站已经承接了一淘网在手机端购物搜索主入口的角色，手机一淘目前能够提供全网的商品购买和比价信息，其中包括商品的“靠谱价”、商品详情、用户点评，优质商家所有的该款商品价格信息等。

由手机淘宝发布的《2011Q2 淘宝无线电子商务数据报告》中发现，在目前阶段，超过半数（57%）的移动网购用户通过购物搜索达到目标商品。而伴随条形码，二维码扫描，图形和语音搜索等人机互动技术的成熟，这一趋势还将继续被强化，特别是购物意向明确的用户，会更多的采用搜索的形式直接到达目标商品，以一淘网为代表的购物搜索平台在未来的移动电子商务市场大有可为。

艾瑞咨询数据显示，2011 年第二季度我国移动电子商务同比增长达 404.4%，占移动互联网市场的比例达到 27.9%，市场规模明显增大，艾瑞分析认为，随着无线支付的进一步发展和用户消费习惯的形成，未来移动电子商务所占比例还将继续提升。目前手机一淘的动作已经抢在了国内同行的前列。CNNIC 互联网发展研究部高级分析师吴丹也认为，移动电子商务即将进入高速成长期，结合线上线下、结合位置信息的移动电子商务将成为发展的突破口，例如手机购物比价、手机与团购的结合等。

据一淘网内部人士透露，目前手机一淘的在购物搜索、比价等的产品正在陆续研发中，2011 年下半年将陆续推出结合 LBS 的产品、客户端产品等。手机一淘在未来将打通全网搜索、比价、全网购物以及全网的优惠信息。

9.1.8 移动电子商务制造链分析

中国移动电子商务在运营商、金融机构、第三方支付平台的大力推动下，有了快速的发展，产业链参与主体不断增多，采用的技术标准不断提高，服务不断健全。移动电子商务的的使用者和行业产值呈井喷式发展。但移动电子商务中也存在着如下的问题。

（1）移动电子商务的标准尚未确立，产业发展方向不明朗。影响制造企业对移动电子商务产品的研发投入和应用推广。

（2）制造产业链企业制造能力有待提升。在 NFC 成为移动电子商务中支付的标准后，基于 NFC 的芯片在国内和国际市场上将具有极大的需求。但是现在业内使用的 NFC 芯片均由国外的恩智浦半导体、Inside Secure 等芯片巨头生产提供，同时国内设计、生产、集成 NFC 芯片的厂商力量也比较薄弱。

（3）规模发展将承担支付大量专利费。银联采用的NFC支付标准为国外所有，将使得每台设备向专利拥有者支付一定数量的专利许可费，考虑到未来中国巨大的市场需求，如果中国将NFC作为主要的手机支付标准，中国移动电子商务发展过程中需要承担的专利费将非常可观。

（4）行业升级改造费用过高。移动电子商务的大规模推广应用，需要对POS机、手机等进行改造，改造成本高昂，需要行业内各主体相互合作，找到各方均能接受的解决办法，加快升级改造过程，推动移动电子商务向前发展。

（5）手机支付安全模块未形成良好解决方案。基于手机的小额支付可以在不设置密码的情况下进行支付，可能出现在用户不知情的情况下恶意盗取用户账户内金额的问题，可能需要在手机支付中添加安全模块，阻止用户账户被盗刷的风险。

在具体标准发展方面，需要从国家层面对13.56M标准和中国提出的2.4G标准进行综合系统论证，突破行业限制，从国家全局利益和市场需求出发，明确移动电子商务的标准和具体使用范围。

移动电子商务产业要做大做强，需要从国家层面给出明确的信号，提升移动电子商务的战略地位，引导和促进市场规模应用，实现电信产业、移动互联网产业、金融产业的融合发展。国家和地方政府尽早出台相应的扶持政策，成立产业示范基地和产业园。制造企业要把握移动电子商务的发展趋势，加大研发创新力度，推出更多受到市场欢迎的移动电子商务产品。

9.2 移动电子商务服务链

近年来随着移动电子商务快速发展，移动电子商务中功能主体迅速成长，形成了以电信运营商、金融结构、第三方服务提供商、移动电子商务平台为中心的服务链条，从商品信息展示、促销信息发布、支付、结算等多角度向用户提供服务，构成了完整的移动电子商务服务链。

9.2.1 电信运营商为中心的服务链

这种模式以中国移动为代表，已在移动电子支付、行业信息化等领域提供了多种服务，成为我国移动电子商务一种重要的形式。

以电信运营商为中心的移动电子商务服务链中，电信运营商处于整个服务链的中心地位，由电信运营商直接向用户提供移动电子商务的接入能力和入口，由电信运营商联合产业链各方推出各种优惠措施，吸引用户使用移动电子商务。

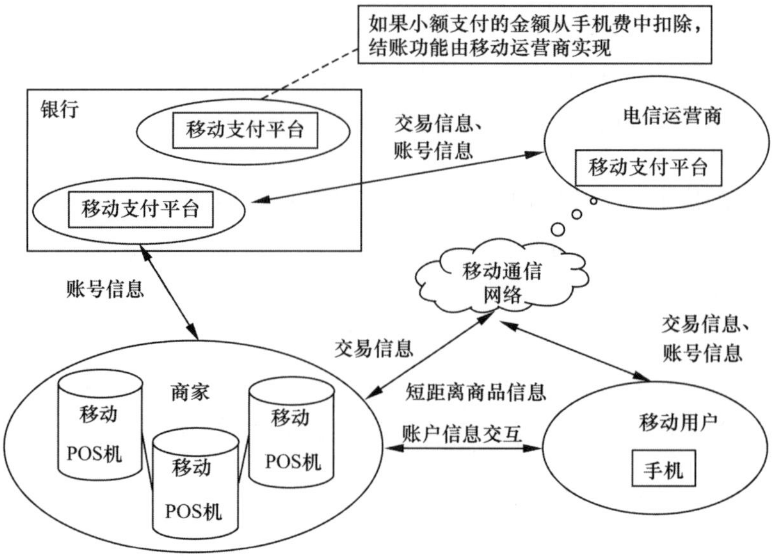

图 9.3 电信运营商为中心的服务链基本业务流程

以电信运营商为中心的移动电子商务流程如下：

（1）用户在电信运营商处开设支付账户并存入资金，电信运营商将用户资金在第三方银行进行托管；

（2）用户消费后，通过手机和 POS 机进行现场支付，或使用手机通过电信通信网络进行远程支付；

（3）用户交易信息、账户信息由商家提交给银行；

（4）银行将用户交易信息、账户信息提交给电信运营商的移动支付平台；

（5）电信运营商的支付平台根据用户的交易信息、账户信息进行交易结算，向托管银行提交资金划拨请求；

（6）由资金托管银行将资金划拨给商家，完成移动电子商务交易。

以电信运营商为中心的服务链，交易过程中的利益分配，如图 9.4 所示。

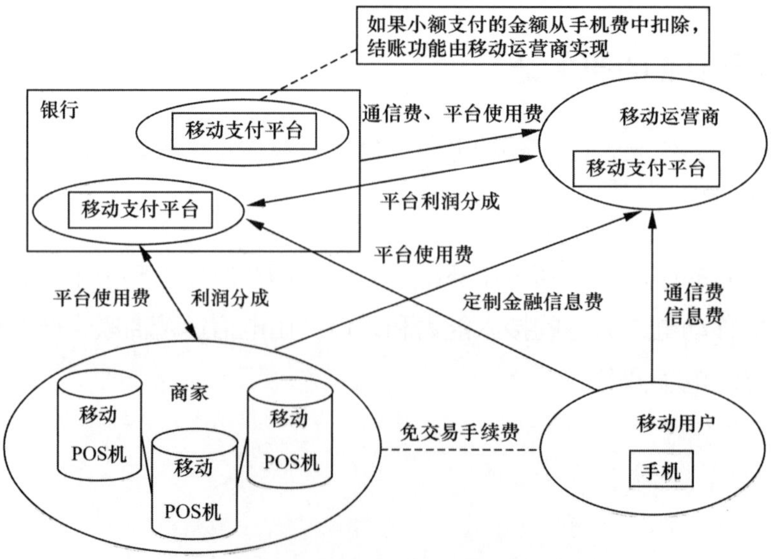

图 9.4 电信运营商为中心的利益分配关系

9.2.2 金融机构为中心的服务链

以金融机构为中心的移动电子商务服务链中，金融机构处于整个服务链的中心地位，用户在金融结构中开设移动电子商务交易账户，由金融机构协调产业链中的各方共同推出优惠措施，吸引用户使用移动电子商务。

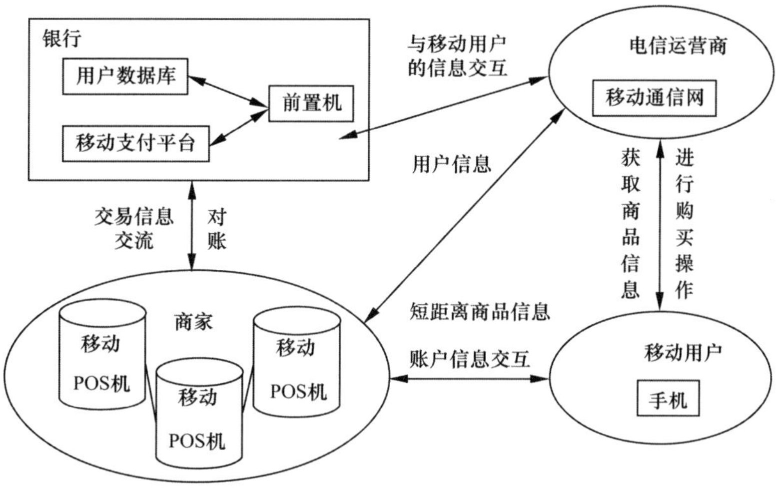

图 9.5　金融机构为中心的服务链基本业务流程

以金融机构为中心的移动电子商务流程如下：

（1）用户在银行开立移动支付账户并存入资金；

（2）用户通过现场方式获得商品信息，或者通过移动通信网获取商品信息；

（3）用户消费后，通过手机和 POS 机进行现场支付，或使用手机通过移动通信网络进行远程支付；

（4）用户使用手机和 POS 机进行现场支付，商家向银行提供用户信息、交易信息，用户使用手机通过移动通信网进行远程支付，由移动运营商和银行之间进行账户信息、交易信息等信息交互；

（5）银行收到用户账户信息、交易信息后，进行交易结算；

（6）银行将资金划拨给商家，完成移动电子商务交易。

以金融机构为中心的移动电子商 务利益分配如图 9.6 所示。

金融单位重点企业包括中国银联、中国工商银行、中国建设银行等商业银行。

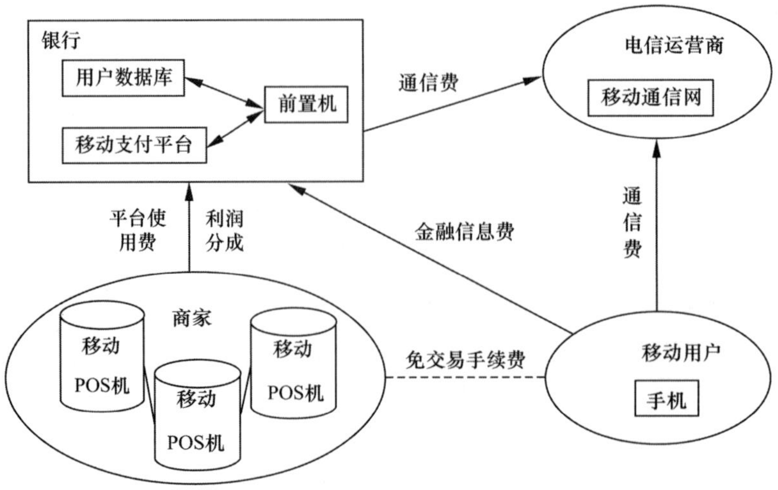

图 9.6 金融机构为中心的利益分配关系

9.2.3 第三方服务提供商为中心的服务链

以第三方服务提供商为中心的移动电子商务服务链中，第三方服务提供商处于整个服务链的中心地位，用户进行移动电子商务的账户在第三方服务提供商开设并关联用户的银行卡。第三方服务提供商通过向用户提供商户的优惠促销信息，推动用户使用移动电子商务进行消费。第三方支付具有资金托管、交易安全、支付担保可以保障用户权益等特点。

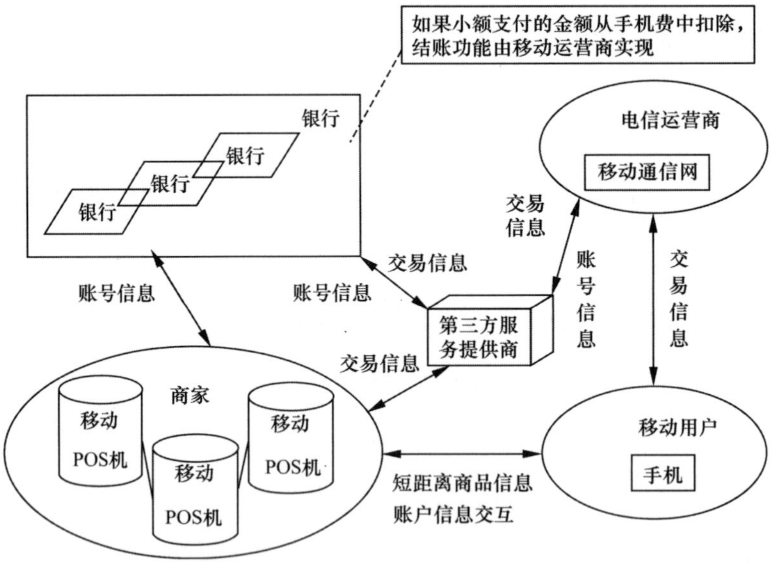

图 9.7 第三方服务提供商为中心的服务链基本业务流程

以第三方服务提供商为中心的移动电子商务流程如下：

（1）用户在第三方服务提供商开设进行移动电子商务交易账户，并将该账户关联该用户的银行卡，用户可以向交易账户中进行充值；

（2）用户通过现场方式获得商品信息，或者通过移动通信网获取商品信息；

（3）用户消费后，通过手机和 POS 机进行现场支付，或使用手机通过移动通信网络进行远程支付；

（4）用户使用手机和 POS 机进行现场支付，商家向银行提供用户信息、交易信息，银行和第三方服务提供商进行用户账户信息、交易信息交互；用户使用手机通过移动通信网进行远程支付，由电信运营商和第三方服务提供商之间进行账户信息、交易信息等信息交互，第三方服务提供商和银行进行用户账户信息、交易信息交互；

（5）银行将资金划拨给用户第三方服务提供商账户；

（6）第三方服务提供商在一定期限后将用户账户中的资金划拨给商户，完成移动电子商务交易。

以第三方服务提供商为中心的移动电子商务利益分配如图 9.8 所示。

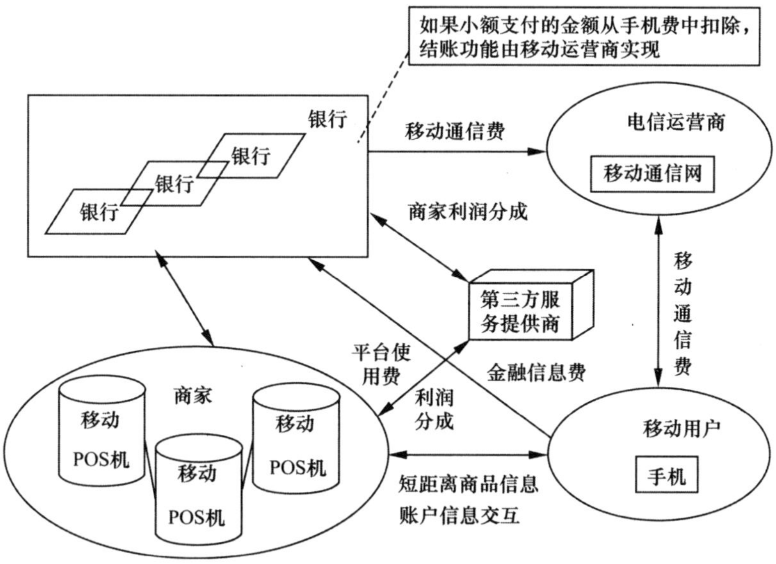

图 9.8　以第三方服务提供商为中心的利益分配关系

第三方服务提供商的重点企业包括支付宝、财付通、快钱、环迅支付等。

9.2.4　移动电子商务平台为中心的服务链

以移动电子商务平台为中心的移动电子商务服务链中，移动电子商务平台处于服务链的中心，移动电子商务平台通过平台广告、用户交互、优惠促销等活动，吸引用户消费。移动电子商务平台具有公开性、影响力大、消费者群体广泛的特点。

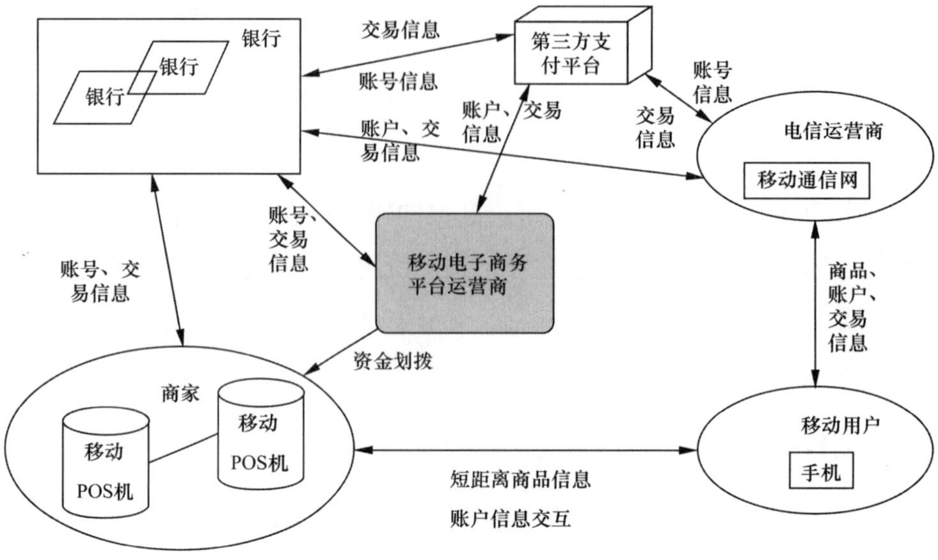

图 9.9　移动电子商务平台为中心的服务链基本业务流程

以移动电子商务平台为中心的移动电子商务流程如下：

（1）用户通过移动通信网获取移动电子商务平台上的商品信息；

（2）用户消费后，通过手机和 POS 机进行现场支付，或使用手机通过移动通信网络进行远程支付；

（3）用户使用手机和 POS 机进行现场支付，商家向银行提供用户信息、交易信息，银行与第三方支付平台、移动电子商务平台进行用户账户信息、交易信息交互，明确用户资金向移动电子商务平台的流动路径；用户使用手机通过移动通信网进行远程支付，用户使用第三方支付平台或使用银行向移动电子商务平台进行付款，移动运营商和第三方支付平台、第三方支付平台和银行、银行和移动电子商务平台、第三方支付平台和移动电子商务平台之间会进行账户信息、交易信息的传递；

（4）由银行或第三方支付平台向移动电子商务平台进行用户消费金额支付，完成移动电子商务交易。

以移动电子商务平台为中心的移动电子商务利益分配如图 9.10 所示。

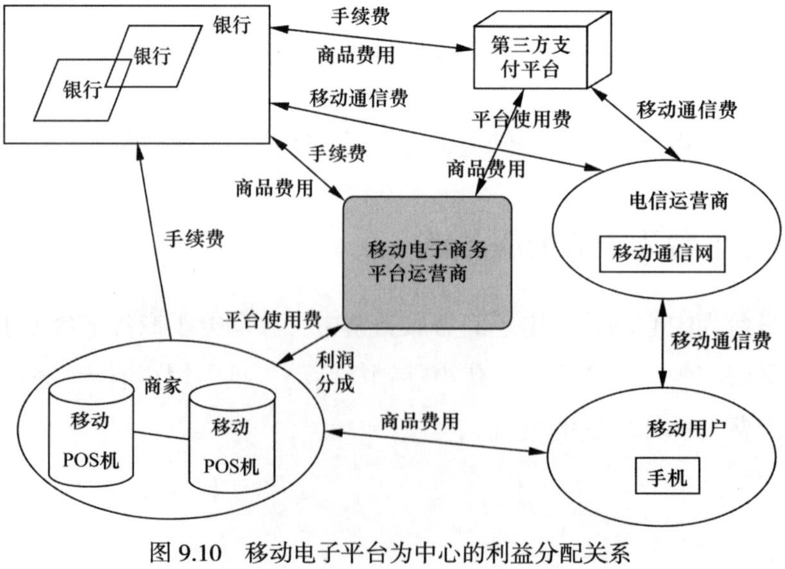

图 9.10　移动电子平台为中心的利益分配关系

移动电子商务平台重点企业包括淘宝、当当、卓越、京东、凡客等。

9.2.5 移动电子商务服务链分析

中国移动电子商务在运营商、金融机构、第三方支付平台的大力推动下，有了快速的发展，在中国目前形成的四种主流的移动电子商务服务链不断成熟完善，影响力不断增强，依托各自提供的服务和客户群体，极大促进整个移动电子商务市场的繁荣和发展，但仍存在着一些问题。

（1）服务链中的各个主体缺乏合作。服务链中的电信运营商、金融机构等主体缺乏有效合作，未能实现用户信息共享和优势资源互补，影响移动电子商务深度开发。

（2）用户的使用习惯需要培养。随着智能终端的普及，随着众多厂家的大力推广，部分应用客户端在用户中的渗透率有所提高，但从产业总体来看，用户通过客户端进行娱乐、购物、交易等消费活动的比例仍然较低，需要服务链各方大力宣传，培养用户随时随地使用移动终端进行消费行为。

（3）商家的移动电子商务意识需要培养。大量商家对于移动电子商务缺乏认识，未能有效利用电子优惠券、平台展示、促销信息推广等形式进行商务宣传，从而实现吸引消费者的目的。商家需要适应移动电子商务的特点，升级商务模式。

（4）移动电子商务配套服务有待提升。移动电子商务进行所需要的信息保密、诚信保证、物流配送等配套服务需要不断加强，以保证移动电子商务有序、高效进行。

在四种主流的移动电子商务服务链基础上，基于更多的产品和应用，将会衍生出更多细分的服务链条。

第十章　中国移动电子商务发展展望

在全球范围内，电子商务已经成为一个国家经济发展和信息化水平的重要标志，是信息社会构建的重要组成部分，移动电子商务作为电子商务的未来发展趋势和方向，对国家经济及社会生活的影响日益增强，已经成为世界发达国家竞相发展的新战略高地。在我国信息化和工业化深度融合、网络经济蓬勃发展以及移动互联网、无线城市、云计算、物联网等新技术、新业务不断创新推动的大背景下，移动电子商务正步入一个黄金发展机遇期。随着移动电子商务的深入开展和推进，移动电子商务将进入重点突破、全面发展的阶段，涉及法律法规建设、政策制定、技术研究、标准推进、市场发展、人才培养、宣传推介、合作创新等诸多方面的体系建设，以及跨部门多层面的协作，会更好的促进移动电子商务未来健康、快速、可持续的发展。

从未来 2012 – 2015 年看，移动电子商务将继续保持快速的发展，行业应用不断深入。传统电子商务加速向移动电子商务移植，创新商业模式和产业链不断涌现，行业各方对移动电子商务信息服务和交易的要求将越来越高，手机支付作为移动电子商务重要分支，发展空间巨大，潜在着重大商机，将是各方未来发展和争夺的重点，线上交易和近距离支付融合发展将成为主流，并呈现诸多新的发展态势。

1. 移动电子商务应用深入创新发展

（1）用户消费习惯逐步养成，手机支付业务快速发展

通过政府、电信运营企业、银行和第三方支付平台等的大力宣传，以及支持或者具有手机支付功能的手机终端日益普及，手机支付的知晓度将不断提高，用户的消费习惯进一步增强，手机支付使用人群范围将快速增长，使用频率不断增加，通过手机支付产生的交易额高速增长。2012 年手机支付用户规模预测将达到 1.5 亿户，2015 年达到 3.5 亿户，实物交易额 2012 年突破 100 亿元，2015 年达到 500 亿元。

（2）企业应用将成为移动电子商务发展重点

在当前国内以手机移动支付为中心，以生活服务和公共服务类应用为主的基础上，移动电子商务逐步向工农业生产和制造领域渗透和拓展，并逐步深化。无线客户关系管理（CRM）、销售管理和企业制造生产环节等应用将使移动电子商务在企业拓展客源、降低成本和提高生产效率等方面发挥越来越大作用，企业应用将逐步成为移动电子商务发展的重点。移动电子商务将成为促进生产制造行业移动信息化进程、产业升级和结构调整的重要力量，同时本身也蕴藏着巨大的商机。

（3）移动电子商务应用更深入发展

在前期推进试点示范工程的基础上，总结试点示范项目推进过程中的经验和所遇到的困难，并将取得良好经济和社会效益的项目推广到更多的行业应用上，推广的深度和力度不断加大，更加贴近民

生，更有效促进企业生产。

中国银联将推动以移动支付为核心的各项试点工作，并将逐步推广至全国。加快改造 POS 机，联合产业链各方制定移动支付行业标准，推动移动支付的前进。

（4）业务应用更加方便快捷安全

移动电子商务的业务有别于传统电子商务的最大特点就是用户的移动性，这不但促使移动电子商务的应用要满足用户在任何时间、任何地点使用任何业务的需求，同时还要满足商户在任何时间、任何地点发布任何商品的需求。因此，Anytime、Anywhere、Anyservice 特性将成为未来移动电子商务中应用的最基本特性。

在未来的移动电子商务应用中，用户仅凭移动终端既可快捷安全地完成小额支付，也可以实现像银行卡一样的大额转账及消费。为用户及商户提供快捷、安全、方便的移动支付将成为未来移动电子商务应用不可或缺的特征。

（5）业务创新将是移动电子商务发展的主旋律

应用在移动电子商务发展中将会扮演越来越重要的角色。无论是电信运营商，还是应用提供商，若想不断地吸引用户和商户而独领风骚，必须不断地进行创新，提供特色应用吸引用户及商户。

业务模式的创新影响力往往会超过技术创新，甚至影响到整个行业，苹果公司的 App Store 就是典型案例。另外，业务的创新往往存在在部分环节，如：目前热门的团购业务，就利用了移动用户独有的优势，通过手机进行认证，使整个流程更快捷方便，大大提升了用户体验，极大地推动了业务发展。

在未来的移动电子商务市场上，谁把握了应用谁就是最终的主导者，应用创新将会无处不在，创新不仅停留在技术层面，还会渗透至商业模式、用户体验及整个产业链的方方面面。

2. 移动电子商务服务质量要求越来越高

随着移动技术和互联网应用技术的快速发展，移动电子商务为电子商务注入新的发展活力，带来新的发展机遇，极大地拓展电子商务的发展空间。移动电子商务为用户带来更为方便、快捷、时尚、及时的信息化服务和交易体验；为商家提供了高效、准确、优质的信息服务，拉近了商家和客户的距离，增加了有效客户，减少了商家的交易成本；为移动电子商务运营企业带来新的发展机遇和业务空间，增加了客户粘性和新的价值增长。但同时，未来行业各方对移动电子商务信息服务和交易的要求将越来越高。

（1）用户需求趋势

随着移动新技术和应用的不断发展，市场竞争的愈发激烈，用户对移动电子商务的需求也更加苛刻，主要体现在以下几方面：信息服务的便利性，用户希望随时随地获取有效信息并进行交易，减少信息获取及交易的时间成本；提高用户服务的感知，得到有效精准的商家信息，避免垃圾信息骚扰；保证移动电子商务中的交易安全，避免出现资金安全问题和消费欺诈，增强消费权益保护机制。

（2）商家需求趋势

对移动电子商务产业链中的商家而言，获得更多的有效客源，提供有吸引力的商品或者交易物是其获利的根本。要求不断深入分析移动电子商务消费者行为，发掘潜在用户，感知用户需求。增加信息传递的有效性和及时性，尽量减少接触客户的距离，让用户方便快捷地找到商家，促成交易快速达成，同时保证商家的交易资金及交易过程安全。

（3）移动电子商务运营商发展趋势

作为移动电子商务的业务和服务运营者，移动电子商务运营商将需要为用户和商家提供高质量的信息服务、安全的支付手段、高效的物流配送、创新的服务模式，以及提供及时的技术支撑和专业的运营方式等，获取更多的客户，谋取自身的发展。

3. 终端成为移动电子商务发展核心和着力点

（1）移动支付终端技术发展趋向多样化，基于手机的融合模式将是未来发展方向

由银联主导的基于手机的移动支付技术标准，目前主要有 SD-NFC、SIM-NFC 以及全手机 NFC 三种模式，三种模式都可各自实现近距离支付和远程网上支付功能。SD-NFC 模式是一种 SD 卡加 NFC 手机的模式，主要利用手机里的 Micro-SD 卡进行支付，SD 卡内植入的芯片相当于网上支付的 U 盾，可以进行远程支付，而其植入的银行卡安全信息，可通过专为银联移动支付设计的 NFC 手机通信，进行与 POS 机近距离的现场支付。SIM-NFC 模式，是指手机的 SIM 卡中刻录金融信息。全手机 NFC 支付模式是指，今后进入市场的手机，NFC 的功能已经预置在其中。当前发展以 SD-NFC 模式为主，SIM-NFC 和全手机 NFC 两种模式为辅。由于 SIM-NFC 模式以及全手机 NFC 模式，涉及与运营商的合作，需要电信运营商的参与和推广，短期内难以迅速推开。未来基于手机 SIM 卡的支付用户将是业务发展的蓝海，银联与移动运营商进行合作，开发基于 SIM 卡的 NFC 应用，充分发挥移动手机用户信息资源优势，必将是未来手机支付的一个主流发展趋势。

（2）移动电子商务终端重要性日益提高，终端定制成为趋势

银联、运营商、淘宝纷纷推出定制的终端，将移动电子商务客户端软件内嵌在终端内，方便消费者通过移动终端进行消费。定制终端可以快速提高商家的市场占有率，是进行移动电子商务拓展的良好手段。移动电子商务产业链中的各主体，会依据自身需要，采取定制手机或将企业的软件客户端内嵌入手机中发布。

（3）手机浏览器软件变身商务平台门户

以 UCWEB 为代表的手机浏览器软件，随着用户占有率的不断提高，将逐步开始寻找企业的赢

利点。与移动电子商务商家进行合作，向用户发送产品广告，通过浏览器页面导航将用户带至特定商家，从而获得营销分成，将是未来浏览器软件厂商参与移动电子商务的重要模式。

（4）终端应用软件程序、信息服务的消费增多

随着智能手机普及率的不断提高，各家运营商、手机制造商等纷纷开始建立自己的应用软件商店，未来的移动电子商务中对终端应用软件的消费增多。电信运营商推出手机地图、车载地图等基于位置的服务将受到消费者的欢迎。移动电子商务中对信息、服务等非实体商品的消费逐步增加。

4. 移动电子商务服务产业和制造产业双轮驱动，形成良性互动

（1）以服务和商业模式为核心的产业链日趋成熟，上下游配合更加紧密

以中国产业生态为基础，形成的以服务和商业模式为核心的产业链将日趋成熟、完善、壮大。随着电信运营商企业、银联等金融支付机构通过合作或者其他方式加入移动电子商务市场的竞争，电信运营企业凭借巨大的手机客户资源，银联等依靠金融机构进行金融业务的天然资质和其拥有的强大现金流、客户资源，将快速联合产业链上下游各主体，面向客户市场，建立以各自为中心的移动电子商务产业联盟，加快整合产业链各方优质资源，移动电子商务产业链上下游配合更加紧密。

（2）发展各方资源优势，共促产业链发展

开展移动电子商务，需要具备移动电子商务发展的基础因素，其中，用户数量、运营能力、商家资源和模式创新将是未来移动电子商务发展的四大要素。就目前中国移动电子商务的发展情况，电信运营商在用户入口处具有用户数量的强大优势，银联在金融支付方面具有天然垄断和掌控能力，传统电子商务提供商具有运营方面的绝对实力，软件提供商在商家资源的争夺上具有竞争力，而新兴移动电子商务提供商由于实力有限、但对行业发展和用户服务的专注，进行模式创新成为其实现自身发展和最终突围的重要表现形式。

（3）形成一批具有影响力的移动电子商务产业基地

在东部沿海传统的电子商务强省，地区集聚与辐射双重效应将愈发显著；以湖南、四川、重庆为代表的中西部地区，将会在把握产业升级转移和国家区域战略契机，发挥区位优势，抓牢政策等有利条件，大力促进移动电子商务的应用和产业发展，推动移动电子商务与特色行业以及产业深度融合，成为移动电子商务领域的引领着，并向全国辐射。面向经济活动和社会发展的现实需求，通过加大市场培育、政策扶持，鼓励创新，引导产业链各方资源聚集和整合，形成产业集群，建设形成一批具有影响力的移动电子商务产业基地，造就一批拥有自主知识产权和技术标准的国内移动电子商务企业。

5. 标准之争有望尘埃落定，多标准实现共存发展

（1）标准化进程加快

工业和信息化部 2011 年启动了移动支付标准工作，2012 年上半年有望发布我国移动支付标准

最终定稿。当前移动支付有两个频段：13.56MHz 与 2.4GHz，从技术成熟度和支持企业数量来看，13.56Mhz 标准占上风，但 2.4G 标准我国拥有知识产权，其该频段也是国内通用的频段，可以和通信其他技术一起协调发展。

（2）多标准将实现共存发展

既要有我们自主的标准，又要实现和全球互联互通，自主创新和开放兼容相结合将是我国移动支付的标准战略，标准必须要统一，但并不唯一。在移动支付领域，金融与移动运营商缺一不可，而应用领域包罗万象，必须根据不同的应用需求采用不一样的技术方案。在加入银联为首的手机支付产业联盟后，中国移动已经实质性确定研发基于 13.56MHz 频率的手机支付标准，而基于 2.4GHz 的手机支付业务将用于企业行业用户，仍有其相当大的发展空间。

6. 移动电子商务政策环境日益完善，发展步入正规轨道

（1）移动电子商务法律法规日益完善

在国家层面将会加快推进信息安全、个人信息保护、电子交易、电子支付等方面的法律法规，推动完善保护消费者权益保障法中电子交易的内容以及电子证据等方面的法律法规；推动建立信用管理、虚拟货币、电子签名等方面的规章制度，为移动电子商务发展打下坚实的基础。

（2）加快研究建立移动电子商务发展指标和评价体系

我国移动电子商务发展已经初具规模，影响力日增，急需研究制定科学、合理的移动电子商务发展指标和评价体系，为市场行业发展和政策制定提供基础，逐步形成企业自我评价和社会中介评价相结合的互动机制，提升移动电子商务应用水平。并在此基础上，建立和完善移动电子商务统计制度，将移动电子商务纳入政府统计体系。

附　录

附录一　国外移动电子商务发展情况

目前规模最大、最有发展前景的全球性移动支付计划都在欧洲以外的地区推出。据市场研究公司 Gartner 估计，2010 年亚太地区的移动支付用户为 6280 万人，而西欧的移动支付用户只有 710 万人。

现阶段，电信运营商、银行机构、第三方支付机构等多数采取合作联盟的方式来共推移动支付服务，构建 NFC 生态圈。

附表 1.1　　运营商合作联盟共推移动支付

时间	国家	运营商、合作方	合作内容
2011.6	俄罗斯	运营商 Beeline 与 Alfa-Bank	联合推出移动支付系统，用户通过 Beeline 账户付费
2011.6	丹麦	TDC、Telenor、TeliaSonera、和黄 3 丹麦	成立合资公司，共同开发移动支付平台
2011.6	英国	Everything Everywhere（Orange/T-Mobile 合资公司）、O2、Vodafone	成立合资公司，打造移动支付与移动广告平台
2011.5	意大利	TIM、Vodafone、Wind、和黄 3G 意大利、PosteMobile 和 Fastweb	数字内容支付平台
2011.5	英国	Orange 英国、巴克莱银行	启动 NFC 业务，为巴克莱银行信用卡客户提供 15 英镑以下小额手机支付应用
2011.3	西班牙	Orange、Vodafone 和 Telefonica Movistar	共同开发 NFC 技术
2011.3	日韩	NTTdocomo 与韩国 KT	NFC 跨境服务协议
2010.8	美国	At&t、Verizon 和 T-Mobile	成立合资公司 ISIS，共同开发移动支付系统
2010.7	日韩	SKT、KDDI、软银移动	联合开发移动支付系统，支持日韩移动支付漫游
2010.5	法国	Orange 法国、Bouygues Telecom 和 SFR	开展名为 Cityzi 的 NFC 移动支付试商用

日本

日本是目前移动支付发展最成功的国家。目前在日本，装有智能卡的手机可以在自动售货机购物，甚至购买大米、洗衣粉这样的日常生活用品。移动电子商务交易额已经在日本的电子商务总体交易额中占据 40% 左右的份额。移动电子商务的发展，为日本众多商业企业提供了新的销售渠道，几乎所有的网上经营者都同时经营自己的移动商铺。相比传统的互联网购物，消费者用手机购物更加便捷、私密、互动，手机购物已经成为日本“快时尚”标志，深受城市年轻人喜爱。

日本有四大非接触式支付项目，包括 NTT DoCoMo 的 iD 信用卡、东日本铁路公司的 Suica、信用卡组织 JCB 的 QUICPay 以及 BitWallet 公司的预付电子现金方案 Edy。这四家公司将 Sony 非接触式芯片 Felica 作为共同标准，成立合资公司共同开发技术标准、读写设备、建设网络与数据中心以及管理平台，实现读卡设备互操作，以推进 POS 端卡与移动电话的小额支付。FeliCa 的无线装置遵循 NFC 的标准之一“ISO/IEC18092”，结算服务需要的加密处理等上级中间件则是索尼的独自规格的产品。

最早介入移动支付市场的运营商是日本电信大鳄 NTT DOCOMO，于 2004 年 7 月联合索尼成立了 FELICA NETWORK 公司布局移动支付市场，随后 KDDI 和软银分别于 2005 年 7 月和 2005 年 11 月推出移动支付业务，都采用索尼的 FeliCa 技术。信用卡公司JCB 也推出手机无接触支付服务——“钱包手机”。目前，日本移动支付市场占信用卡市场的 20%～30%，50% 以上的日本用户使用带有移动支付功能的手机，数目在 6000 万部以上。手机支付在日本司空见惯的服务，且在持有移动支付功能的手机中活跃率达到 60% 以上。

虽然 FeliCa 在日本已经深入日常生活，但 2011 年下半年，以智能手机标配 NFC 功能为契机，FeliCa 的情况发生了变化。随着 NFC 的普及，支持在海外占据主流的无线通信标准“ISO/IEC14443 Type A”和“ISO/IEC14443 Type B”但非 FeliCa 的 NFC 产品在日本也能够方便地使用。NFC 标准只对通信部分进行规定，包括 FeliCa、Type A、Type B 三种协议。作为 FeliCa 的竞争对手，Type A/B 的最大特点在于支持的非接触 IC 卡和标签价格低廉。在日本，随着 Type A/B 协议等新选项的出现，之前一直从事 FeliCa 的企业开始全面考虑该怎样推进 NFC 业务。

2011 年 11 月 15 日，索尼开发出了符合近距离无线通信规格 NFC，支持移动 FeliCa 以及近距离非接触通信规格 ISO/IEC14443 Type A/Type B 的便携设备用无线通信 LSI“CXD2235AGG”。该新产品配备了读写器功能，例如，可从内嵌 NFC 标签的海报中获取信息，亦可作为蓝牙和 Wi-Fi 等的认证功能使用。另外，还配备了自动识别 FeliCa、Type A 及 Type B 的功能（FeliCa 主要在日本和亚洲地区得以普及，ISO/IEC14443 Type A/Type B 则主要在欧美地区使用）。新产品从 2011 年 11 月开始以日本的手机为对象面向日本国内外的智能手机厂商销售，样品价格为 600 日元。

韩国

韩国在非接触式手机支付方面仅次于日本，人均手机支付业务发展水平遥遥领先其他国家。根据艾瑞咨询 Communications & Convergence Review 发布的韩国手机银行用户规模数据发现，截至 2009 年底，韩国手机银行的用户数量已达到 1115.5 万人，而在 2009 年，韩国手机支付交易额为 1.8 万亿韩元（约 104.3 亿元人民币）。目前，90% 的韩国手机用户已经习惯在手机上消费，70% 的电子支付由手机支付完成。

附表 1.2　　韩国手机银行用户规模　　（单位：万人）

	2004	2005	2006	2007	2008	2009
采用手机芯片	89.4	186.1	297.9	441.2	469.4	462.7
增长率	373%	108.2%	60.1%	48.1%	6.4%	−1.4%
采用手机银行软件	–	–	–	59.7	378.4	652.8
增长率					533.8%	72.5%
合计	89.4	186.1	297.9	500.9	847.8	1115.5
增长率	373%	108.2%	60.1%	68.1%	69.3%	31.6%

（数据来源：Communication&Convergence Review，2010）

在韩国手机支付的发展中，韩国政府起到了极为关键的作用。政府出台了手机支付的鼓励性法律法规，对支持手机近端刷卡支付的商户可享受消费退税 2% 的优惠政策。还提出零售、餐饮、宾馆等行业的商户若不接受手机支付，将被作为重点税务检查对象；另外韩国积极推动大型信息化项目的建设，无线城市、u–city 等的建设都推动了手机支付的普及。

在韩国，运营商与金融业联盟是其移动电子商务主要的产业模式，包括韩国大的移动运营商、控股银行和信用卡公司，甚至手机制造商，使得合作变得容易。另外，产业所有参与者共同使用统一的开发技术标准、读写设备、建设网络与数据中心以及管理平台，从而能在在用户数量有限的情况下实现规模效应。

韩国的电信企业偏向先培养用户的品牌重视度，再推广具体的手机支付业务，能更快得到市场的认可。从产品上看，韩国移动支付服务拥有清晰而丰富的产品线，从而能满足各类相关方的利益需求。譬如，韩国电信 SKT 的移动支付总业务品牌为 MONETA，旗下又根据不同业务需求分了各类子品牌。还有，与不同子市场的企业合作建立相应的小平台，有些业务可以由运营商主导，有些业务则由银行主导，避免了冲突。同时细分的品牌也使得消费者能自由选择符合自己的手机支付服务。

此外，韩国电信公司还提供与支付相关的其他客户服务。比如通过手机，用户可以了解到商店促销等相关信息，还能下载购物优惠券。用户消费后的积分、收据也都会被自动保存在手机里。这种贴心的服务不仅刺激了客户的消费支付，同时也为运营商获得了不菲的广告收入。

SKT（S K Telecom）作为韩国最大的电信运营商，从 2011 年起为所有手机安装 NFC 功能，并将使用范围扩大至百货店、便利店、自动销售机、电影院等处。譬如在餐厅，消费者只需用手机在菜单的标签上一刷，在餐桌上就可以完成点餐、付款、领取等，快捷而方便。一直以来，手机 RFID 服务需要在手机上另附读取器，这成为该服务普及推广的绊脚石。但是手机内装 RFID 功能后就方便得多，不仅可以判别洋酒的真伪，还可以用于凭单（Voucher）、U–city 等。

目前，SKT 宣称，公司已将发展目标瞄准了亚洲太平洋地区不断增长的手机支付市场。为此，公司基于射频技术开发了多种移动金融服务，如移动支付应用采用的RFID全球用户身份模块（USIM）。举个例子，SKT已为超过100万名Combi卡用户提供系列移动支付服务，Combi卡是韩国一种金融USIM卡。USIM是UICC智能卡（插入3G手机）手机的一类应用；它存储用户和认证信息，为文本信息和电话通讯录提供存储空间。另一个例子，SKT目前还提供"T cash"服务，"T cash"于2009年1月推出，目前在韩国已有超过100万的手机用户采用"T cash"支付各类的公共交通服务，如火车和计程车。据SKT公司称，"T cash"已被4万多家加盟商店和网站接受——包括2万家便利店和100家在线商店（包括游戏、购物、社交网）。"T cash"被认为是韩国移动支付领域首个获得快速发展的业务。

SKT还与Hana Card合作参与其他移动支付活动，其中包括"T Smart Pay"移动信用卡项目，该移动支付集成智能服务于2011年3月推出，"T smart pay"支持USIM卡实现世界标准规格的VISA/MASTER卡的RF信用卡支付功能，提供用手机进行信用卡支付、使用各种会员积分、签发优惠券等各种服务。这是韩国首次将信用卡和通信服务融为一体的手机信用卡服务。同时，信韩、BC、现代、三星等其他信用卡公司也计划与手机厂商合作推出手机信用卡服务。

SKT声称，公司还计划致力于NFC手机支付的开发和推广。SK Telecom最近宣布与日本电讯提供商KDDI及手机支付公司Softbank Mobile合作开发一个近场通读平台。采用NFC标准，这三家公司的顾客将可在韩国和日本使用手机支付服务。

欧洲

欧洲的NFC手机支付在2006年起步，2007年开始了实验型推广。法国的Orange、西班牙的Telefonica、德国的T Mobile和英国的Vodafone更是发起成立移动支付服务协会（MPSA），该协会有两个重点工作领域，一是建立一种新的支付方案，允许移动电话客户通过电信运营商管理的账户进行小额支付；二是创建一种更方便更安全的方法，使用移动电话和信用卡一起进行大宗购买。

目前，欧洲通信技术标准机构（ETSI）已确定手机支付采用NFC技术标准，将SIM卡中最后一个安全的PIN留给NFC，并制定NFC和SIM之间的通信标准SWP，2009年年中符合ETSI标准的相关芯片已推出。此外，安全问题是欧洲手机支付发展中的一大障碍。一方面，用户对此持怀疑态度；同时，运营商和银行对安全问题持有的标准也并不统一。

英国：PayPal预测2016年英国人无需再用钱包

据英国第三方支付机构PayPal的新报告《货币：数字引爆点》（Money: The Digital Tipping Point）中的调查发现，在英国有大约4500万人使用手机，而49%的受访移动用户至少每三个月使用他们手机购物一次。PayPal的资料来自于Forrester咨询公司对10个英国零售商及其他企业高层管理人员的采访。

据 PayPal 预测，到 2016 年，英国的移动零售销售额将高达 250 亿英镑。目前 PayPal 有 1400 多万活跃的英国账户，其中有 100 多万被用来进行手机支付。2011 年 PayPal 在全球处理的移动支付额大约为 350 多亿美元（合 225 亿英镑），是 2010 年的 5 倍。所以 PayPal 以上预测的真正含义是，移动支付技术的使用将在未来 4 年显著增加。

在英国，银行也积极参与移动电子商务领域。据了解，渣打银行现已推出了一个集社交、地理定位、电子优惠券等功能为一体的客户端。不久的将来，渣打也将通过 Android 系统实现“掌上银行”，未来还会推广到塞班、黑莓、J2ME 以及 Windows 等多种平台。

德国：三大运营商联合推进移动支付进程

德国三大移动通信网络——Telefónica 德国、德国电信和沃达丰目前正采用联合行动，旨在推动该国的移动支付进程。这三大网络计划将其移动支付服务 mpass 注册为一家独立的公司，并已经针对其可能的影响签署了谅解备忘录。

这家新注册的公司在 2011 年年底开始运营。新公司将专注于加强移动支付服务的销售和推广活动，同时开发基于近场通信技术的新产品。目前，德国第一批具有信用卡和积分卡完整功能的近场通信智能手机已经上市。

法国：Orange 联手多家运营商打造泛欧移动支付系统

目前，欧洲运营商 Orange 正在法国 NICE 开展迄今为止最大一次的 NFC 试点。2010 年 5 月，Orange 在法国尼斯与竞争对手布依格、SFR 以及移动虚拟运营商 NRJ，与市议会、交通运营商合作推出了名为“Cityzi”的平台，使服务提供商能够通过一个标准平台提供支付、票务、移动促销等 NFC 服务。目前具有 Cityzi 服务功能的终端销售数量已经超过 15 万。

Orange 认为“这不是一个产品，而是一个生态系统”，表示 NFC 的成功需要服务提供商、政府和标准组织的合作。但 Orange 也表示构建 NFC 生态圈的工作不会一蹴而就，NFC 服务也不会一下子推出，而是会在未来几年内逐渐部署。

Orange 发布的 NFC“加速战略”有三大举措：第一，试图通过推广兼容 NFC 的 SIM 卡和终端在市场“播种”；第二，在每个有业务运营的欧洲国家建立 NFC 生态系统；第三，计划成立一个全球联盟负责 NFC 市场的增长。

近期，Orange 表示将在明年与其他移动运营商合作打造一个泛欧的 NFC（近距离无线通信）商业生态系统。Orange 的长期计划是推出跨国 NFC 服务，届时英国游客可以用手机在法国支付电车车票。此前，斯洛伐克电信管制机构已经批准 Orange 同该国其他运营商就 NFC 领域的合作进行谈判，这意味着 Orange 在斯洛伐克构建 NFC 生态圈的计划已经克服了最主要的障碍。

美国

据艾媒咨询（iimedia research）研究发现，2010 年美国手机支付市场规模从 2009 年的 38 亿美元增长到 148 亿美元，环比增长 289.5%。2011 年美国手机支付市场规模将接近 500 亿美元。另据艾媒咨询（iimedia research）预测，2013 年美国手机支付市场规模将跃升为 1200 亿美元，约是 2010 年的 32 倍。

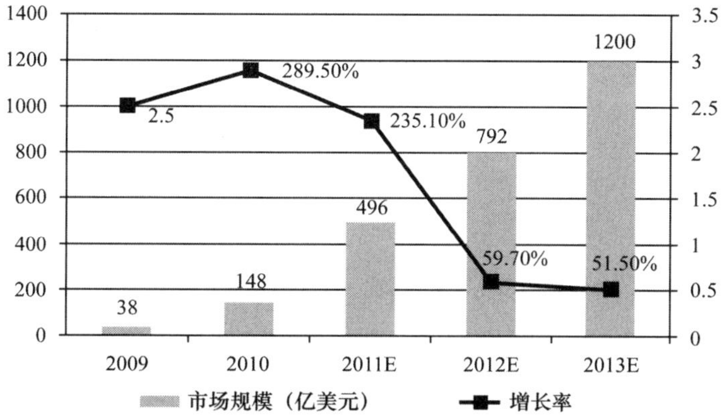

（数据来源：iimedia.cn）

附图 1.1　2009—2013 年美国手机支付市场规模及增长预测

手机缴费、手机订购、手机银行这些业务深为美国民众所熟悉和使用。据了解，美国已经在 8 万多个商户中安装了超过 40 万台 NFC 读卡器。美国零售商也积极拓展移动支付业务，如 2009 年全美移动电子商务出售的全部实体商品中，有 70% 来自 eBay 和亚马逊这两家网站。美国手机支付市场规模增长的如此之快，主要与移动互联网的广泛普及、移动支付的便利性、运营商和制造商大量使用 NFC 芯片等因素有关。而据艾瑞咨询发现，美国手机用户对移动支付最关心的是安全性问题，占比为 66%，其次是成本问题、使用性、可靠性以及无线网络速度等因素。

2010 年 8 月，美国 at&t、Verizon 和 T-Mobile 组建 ISIS 移动支付公司，共同开发移动支付平台。ISIS 最初计划直接与 Visa 和万事达竞争，利用金融服务公司 Discover Financial Services 的支付网络，并联合巴克莱银行提供自己的移动支付服务，从处理的每笔交易中收取佣金。但是 2011 年 5 月 ISIS 宣布不再与 Visa 和万事达竞争，转而推“移动钱包”服务，承认传统信用卡公司在新兴的移动支付市场上的优势，并希望与 Visa 和万事达达成合作。

在美国，2011 年较为引人专注的事件是谷歌正式推出移动支付服务谷歌钱包（Google Wallet）。从 5 月底，谷歌公司在美国纽约宣布推出 NFC（近距离通信）手机支付服务，届时用户不仅可以用手机进行支付，还可以下载各种优惠券。这是谷歌发布在手机上增加又一新的功能——手机支付功能。Google 表示，计划对所有零售体验进行整合，为购物提供最佳体验。该服务在人们通过手机购物时，即可将优惠券、折扣和支付系统整合为一体。该服务的运行方式如下：用户定期购买商品的优惠券会出现在手机上，商店商品缺货时也会出现在手机上，方便用户即时了解到鲜活的消息；用户到商店收银台结账时，将手机在终端前晃一下，就能够刷卡消费；与此同时，购物积分会自动累加到手机上；最后，结算收据发送到用户手机上。

这款集优惠券、折扣和支付于一体的首款手机为 Android 系统的 Nexus S 智能手机，内置 NXP 提供的一颗 NFC（近距离无线通讯技术）芯片，借助万事达信用卡公司的 PayPass 支付系统完成支付。PayPass 支付系统采用 NFC 技术，Google 称未来所有 Android 手机将内置 NFC 芯片。

Google Wallet 到 2011 年 9 月才正式推出，首先在旧金山和纽约进行试点，支持 Google Wallet 的零售商有梅西百货、Subway 快餐连锁、沃尔格林、Toys "R" Us、布鲁明代而百货公司、盖尔斯服装和 Noah's Bagels。在银行卡方面，谷歌钱包服务支持万事达卡、Visa、Discover、美国运通卡和谷歌预付费卡，但手机硬件方面目前暂时仅支持 Sprint 的 Nexus S 手机。拥有 Sprint Nexus S 手机的用户可自动升级手机，通过 NFC（近场通信技术）功能绑定信用卡进行消费。10 月，谷歌还推出下一代 Android 智能机 Nexus Prime，它同样支持 NFC 功能，可将谷歌服务引入到更加广泛的 Verizon 用户群。谷歌承诺，2011 年年底前使用谷歌预付费卡使用这一服务的用户将获得 10 美元的奖励。

Google Wallet 还将支持多种信用卡，包括花旗和万事达信用卡、信用卡公司提供的预付卡。未来还将支持更多品牌的卡。Google 指出，由于智能手机可使用密码加密，手机刷卡较实物钱包支付更安全。

Google 还推出了 Google Offers 服务，这是一款日常交易服务，将以电子邮件的方式发送给客户或手机上。客户兑换优惠券的方式同支付方式，可通过商店收银台或手机兑换。Google Offers 将于今年夏季在旧金山和纽约试点。美国 Eagle 将是支持 Google Offers 的首批零售商之一。登机牌、车票以及更多信息将最终入驻 Google Wallet。

附录二　中国移动电子商务典型应用及案例

移动一卡通

所谓“一卡通”即在用户单位内，凡有现金、票证或需要识别身份的场合均采用卡来完成。移动一卡通系统即用户单位与银行、运营商合作，采用银行卡的通存通兑功能以及移动SIM卡功能，同时结合智能卡的计费、管理功能，将银行卡、智能卡、SIM卡三卡合一。

中国移动一卡通业务是以（U)SIM卡为核心，以RFID非接触技术为基础，为中国移动的企业客户提供的包含门禁、考勤、内部消费、增值信息服务（如考勤账单通信、消费账单通知等）等功能在内的企业信息化解决方案，通过“刷手机”实现内部消费、考勤管理、门禁管理、会议管理，以及企业秘书服务、发放员工福利、短信账单提醒等功能；此卡可广泛应用于政府、机关、企业、院校等集团客户单位。

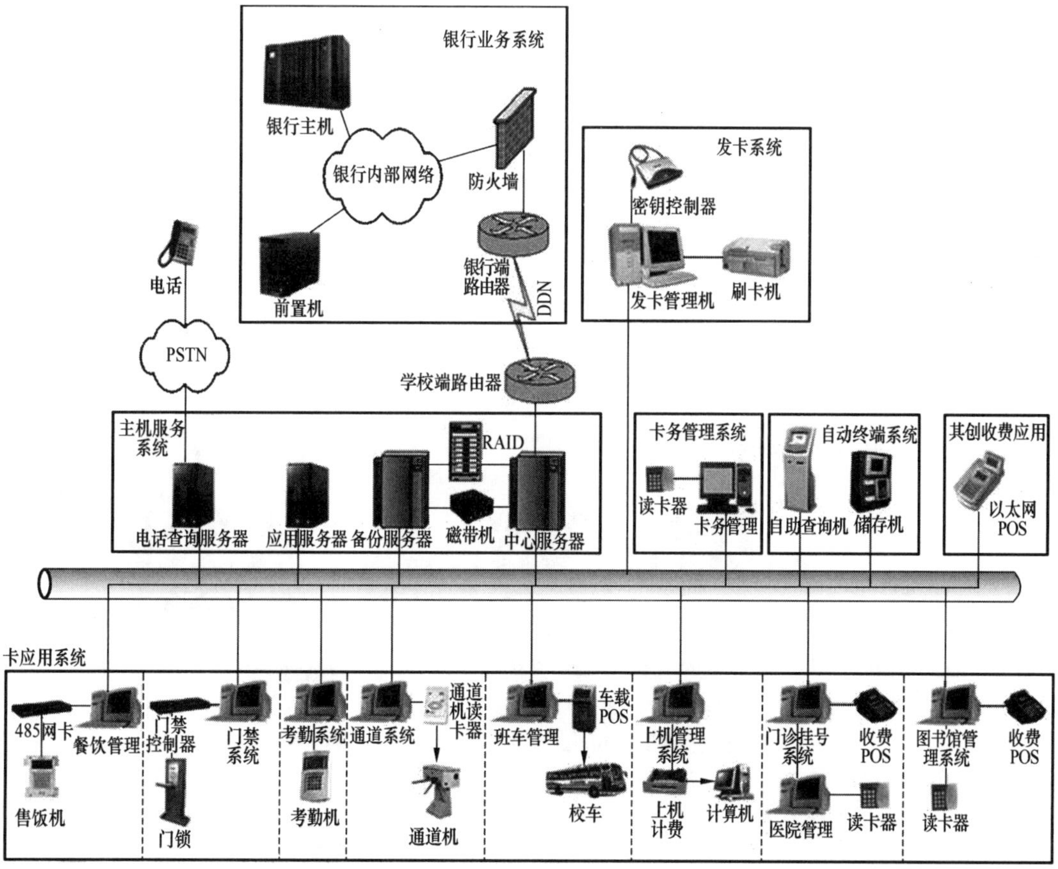

附图 2.1　移动一卡通网络拓朴结构图

当前，中国移动在湖南推广的一卡通系统涉及的集团用户广泛包括学校、企业、政府机关甚至小区、俱乐部等。据统计仅湖南省，移动电子商务用户规模已超过300万人，月交易金额突破2亿元。

手机公共事业缴费

手机支付公共事业缴费项目是中国移动推出的手机支付业务下的其中一个业务应用项目，主要合作单位包括自来水公司、电力公司、燃气公司、交通部门等公用事业缴费单位，还有银联和各个银行等公用事业缴费单位代理公司。

目前，手机支付公共事业缴费项目逐步实现并完善以下主要功能。

公共事业缴费项目：主要应用于缴水费、电费、燃气费、有线电视费、宽带费、教育考试报名费、保险费及公益捐助等。

城市覆盖：现正式运营，覆盖全国 31 个省会城市及各省地级城市。

缴费渠道：WWW/ 客户端 /SMS/IVR/WAP。

缴费方式：查缴 / 催缴 / 扣缴（支持预付费和后付费）。

手机支付平台公共事业缴费合作的商务模式主要体现在以下两个方面。（1）佣金收入：向公用事业单位或代理公司收取一定比例的交易服务佣金。（2）功能费收入：向用户收取一定的 SMS、IVR 等缴费的功能费。

手机公交地铁购票是中国移动推出的手机支付业务下的另一个业务应用项目。不用购票、无需带卡，只要拿出随身携带的手机在地铁闸口或公交车的刷卡机上轻碰一下，即可乘坐地铁或公交。手机支付实现随时随地的空中充值，通过手机菜单的操作即可完成整个充值操作，免除了去网点充值和排队买票的困扰。手机公交地铁购票需要建设公共交通应用平台，实现开通、注销、查询等业务管理、安全管理、营销客服支撑等功能。

附图 2.2　手机公交地铁购票、手机公共事业缴费

手机钱包——手机超市便利店购物

手机钱包是指中国移动开发的基于无线射频识别技术（RFID）的小额电子钱包业务。用户办理该业务后，即可利用手机在中国移动合作的商户进行 POS 机刷“机”消费。

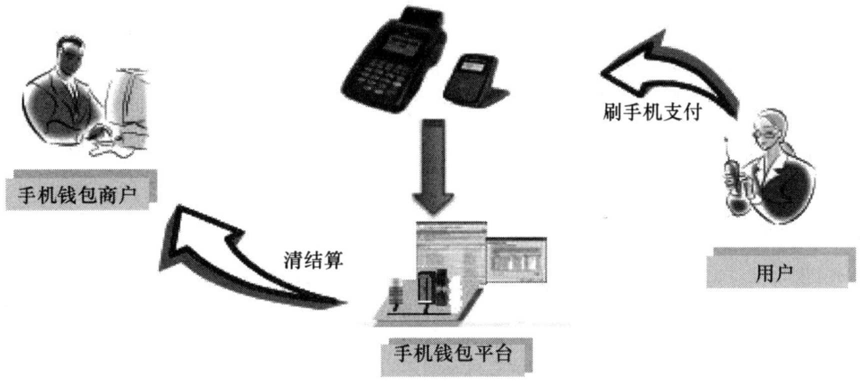

附图 2.3　手机钱包业务流程

手机钱包项目的主要功能包括：开户、销户、充值、消费、商户清结算、差错账核对和处理、争议交易处理、商户客服和用户客服。

手机钱包的应用领域主要瞄准与百姓生活息息相关的日常消费场所，包括用户量大、使用频次高、中低消费金额的各类消费及服务场所，并重点围绕公共、热点行业，打造业务影响力，培养用户使用习惯，旨在打造百姓最通用的支付工具。主要应用领域包括：

- 餐饮类（快餐、饭店、茶楼、咖啡、酒吧…）;
- 零售百货类（连锁便利店、超市、商场、药店、书籍音像店、饰品店…）;
- 娱乐休闲类（影院、KTV、美发店、健身休闲…）。

中国移动预计到 2013 年，手机钱包用户规模达到 1 个亿，商户规模将达到 50 万家，布放 POS 将超过 100 万台，交易额突破 100 个亿。

智能车主服务

现阶段，在社会财富巨量增长的同时，私家车也进入千家万户。但目前各地没有一个综合的、统一的车主服务平台，对车主的正常使用造成一定不便。2009 年，广东省人民政府与中国移动通信集团公司在广州签订战略合作框架协议，共同推进 TD-SCDMA 与无线城市的建设和发展，以无所不在的综合无线信息网络平台支撑公共安全、应急联动、公共服务、商务旅游、生活学习等信息化应用。为创造和谐稳定的社会环境和公正高效的法治环境相互促进，广东移动与广东省交管局、交警大队进行合作，采取强强联手的方式开展全新的政务信息化智能车主服务系统，为客户提供违章提醒、罚款缴纳、路况信息、汽车保养、车友交流的综合电子化平台，同时为交警部门提供如 WAP 手机远程执法、手持 POS 现场处罚等特色服务，实现便民、利警的双重功能。

智能车主服务拓展了多项车主服务功能，为车主提供一站式服务，为交管部门提供政务信息化智能处理服务。主要服务内容如下。

➢ 融合社会资源，打造车主便民服务：通过与省交管局、交警大队的业务合作，获取信息资源，以短信、彩信、WAP、WEB、手机邮箱等多渠道为用户提供违章通知、路况通知、年审通知等多项车主关心的主动提醒服务，为用户打造良好的用车环境，提升车辆使用效率，促进社会发展。

➢ 结合优势资源，打造政务电子缴费平台：通过利用中国移动的优势手机支付业务，结合电信网络运营优势，为用户提供 12580、WEB、WAP，以及短信的多种渠道缴纳罚款、处理违章信息的渠道，摒除传统渠道的排队等候、现金缴纳等多种不便处理方式，为用户提供更为便捷、高效的全新政务处理渠道，在提高用户粘性、促进新用户增长的同时，更提升了政府相关部门的亲民形象以及办事效率。客户授权广东移动代办其指定车辆违法罚款的代缴事宜并开通手机支付方式，在该车辆有违法记录时，短信提醒该用户有违法记录，引导用户拨打 12580 以手机支付方式缴交罚款，成功缴交罚款后，消除其违法记录，如客户需要发票则由合作伙伴给用户邮寄发票。

➢ 提供电子政务信息处理平台，提升与政府合作高度：通过与省交管局、交警大队进行合作，为相关政府部门提供完善的政府政务处理电子渠道，实现手机支付收费、远程违章执法、政务手机处理、费用自动分理等多项创新的政府电子政务应用举措，实现与政府部门强强合作，大幅度提高政府部门的政务处理效率，提升移动政务合作高度，为将来移动公司与其他政府部门建立良好合作打下坚实的基础。

➢ 打造全新违章处理渠道，改变传统使用习惯：通过便捷的手机支付功能，打造全新的交通违章处理渠道，使交警部门通过统一的手机渠道即可完成违章通知发送、违章处罚处理、处理通知告知等复杂流程，彻底改变传统违章处理必须通过邮政专递的过程。在节约社会资源、人力资源的同时更为用户带来了无可比拟的便捷处理渠道，改变用户传统的违章处罚理念，强化品牌形象。

➢ 贴近车主需要，建立车主信息交流中心：为爱车族量身定做汽车保养信息、经验交流、自驾游玩、爱车技巧等信息交流传递模块，增强客户使用粘性，提升品牌形象。

本项目主要应用于省市交警执法相关服务环节，如违章提醒、违章缴纳、处理结果通知、信息化记录方式、实时路况报告等方面。

政务信息化智能车主服务作为民生工程，为广大车主提供足不出户的缴交方式，从原来的缴交罚款需到交警大队排队确认违法、再到银行排队交罚款，优化为动动手指随时随地即可完成罚款的缴交，由原有需费时 1 天时间压缩为 5 分钟，大大提高交通违法罚款缴交效率。一方面，该项目是对公安部推出的交通管理服务群众 10 项便民措施的积极响应，有利于树立广东移动优秀企业公民形象，具有积极的社会效应；另一方面，通过抢占稀缺合作资源可以获得先发或自然排它优势，同时提高客户粘性。

旅游一岛通

当前，各地的旅游资源丰富且类型多样，中国移动以一卡通技术为技术支撑，以“着眼旅游电子商务化，营造电子商务运营大环境，开发旅游一卡通产品，实施电子商务合作营销，发展旅游产业”的发展思路，以旅游电子商务化的实施作为突破前提，确立电子商务整体旅游发展战略，尤其重视旅游一卡通的发展，把旅游建设成为特色鲜明的电子商务化，并发展集度假、观光、商务、会议、美食、寻根、体育、宗教、购物、娱乐旅游于一体的以移动电子商务旅游一卡通为实施条件的产业。

目前，中国移动在广东汕头实施的一岛通业务即是面向所有旅游需求的客户，技术上以 RFSIM 卡为核心，以 RFID（射频识别）非接触技术为基础，为中国移动的客户提供的包含景点消费、岛内购物、交通费用支出等功能在内的企业信息化解决方案。具体服务内容包括。

- 旅客通过一岛通，即手机支付账户完成旅游线路订制。
- 旅客通过手机支付账户获取单岛景点一岛通票，即二维码票。解决旅客景点游玩及酒店入住等问题。
- 旅客通过手机支付账户使用旅游线点交通工具，整合旅游点包括公交及出租车等交通工具资源。
- 旅客通过手机支付账户在家庭式经营店面进行消费，整合旅游点购物资源进行管理。
- 由中国移动方搭建的一卡通旅游管理平台提供给岛内旅游管理单位管理权限。为岛内管理单位提供包括家庭式经营管理。

广东汕头地区的一岛通拓展实践前期重点在于岛内的重点旅游项目、旅行社合作酒店及重点推荐商户。在多个景点调研过程中，一岛通可在区域的消费集中地开展。在本地，已成功打造了两个景点的一卡通试点项目，将在粤东最大的高科技主题乐园中实现全园内的手机支付消费。

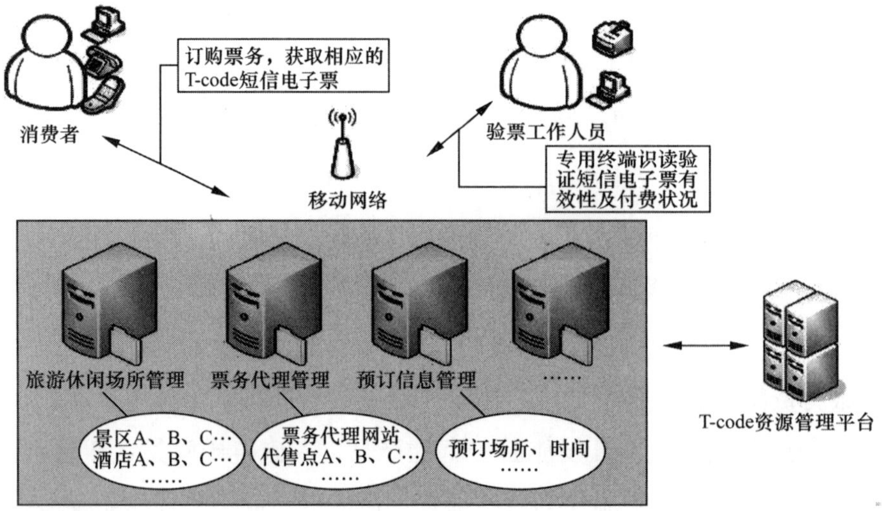

附图 2.4　旅游电子门票示意图

智慧健康管理

人民群众就医看病问题是重要的关系民生的问题。国务院《关于深化医药卫生体制改革的意见》强调：制定并实施国家基本公共卫生服务项目，从 2009 年开始，逐步在全国建立统一的居民健康档案。

近年来，中国移动通信集团广东有限公司（以下简称广东移动）与医疗卫生管理部门、医疗医药机构紧密合作，大力推进医疗行业信息化，陆续开发出如“1258 预约挂号”、“医讯通”、“药讯通”等成熟的信息化应用，并进一步整合资源形成“智慧健康管理”体系，面向广东省广大市民提供了全方位、个性化、高科技的信息服务手段。

“智慧健康管理”项目是一个集医疗和药品信息化于一体的有机体系，其中包含了“预约挂号服务”、“医讯通”、“药讯通”、“市民健康卡”、移动视频探视、移动健康监护等六大项主要应用内容。

1. “预约挂号服务”

各医疗机构接入广东移动提供的“预约挂号服务平台”，开放预约挂号资源，患者可通过短信、WAP 和 12580 等方式随时随地进行实名预约挂号，并可获得就诊信息服务和医后信息服务。

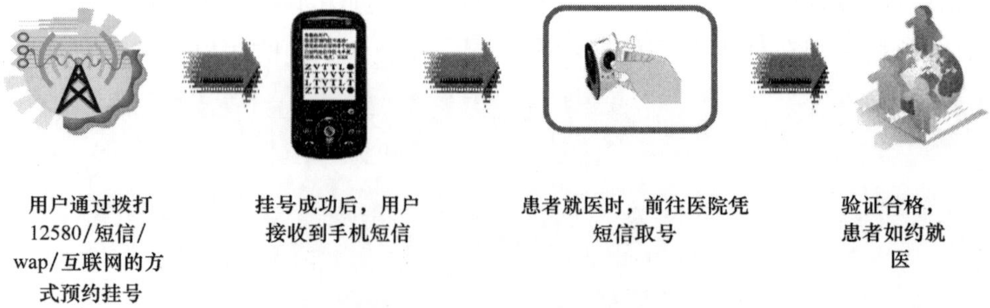

附图 2.5　预约挂号服务流程

2. “医讯通”信息服务

目前“医讯通”主要包含健康小管家、康复指南和行业健康宝典。健康小管家针对不同人群提供健康家庭终生小管家顾问式、系统化的信息服务，在东莞试点效果良好，累计服务人群超过300万。康复指南是总结内、外、妇、儿、中医、心理六大学科共42种常见疾病和多发病的知识，为患者发布日常起居应注意事项、复诊和定期体检提醒、病后康复指导等信息服务。行业健康宝典是针对五金、毛织、电子制造、物流、塑胶、家具、公安、教育等行业从业人员，提供行业健康保健信息、行业疾病预防信息、时尚热点健康资讯、饮食辅助保健指导等信息服务。

3. “药讯通”信息服务

通过“药讯通”服务，市民能够借助手机收发短信、浏览手机杂志等方式，获得食品、药品安全的信息和知识，并帮助药品监管部门提升办事效率，普及医药常识宣传，促进药品、保健品、化妆品等行业实现信息互动、资源共享，以此推动医药行业信息化进程，开创出和谐的行业发展局面。“药讯通”目前已经建立起完善的数据库基础，现已收录：全国药品广告数据45207种及广告对应的药品功效数据；合理用药指导、小儿用药禁忌、老人用药禁忌共计收录600种常见疾病用药查询数据；化学药品通用名2698种（商品名63996种）；收录中成药3021种。

4. “市民健康卡”

该项目通过统一标准实现“健康卡”号码与手机号绑定，通过软件实现医院HIS系统与预约挂号系统挂号信息的交互，通过呼叫中心、Web、USSD短信、社区终端等渠道，结合医院现场服务，向市民提供预约挂号；并通过移动公司的小额支付平台，完成挂号费及诊金的手机支付；通过T-code短信二维码承载挂号信息及健康档案授权访问信息；采用SDH电路实现预约挂号系统与医院HIS系统及健康档案系统的高速、安全的连接。

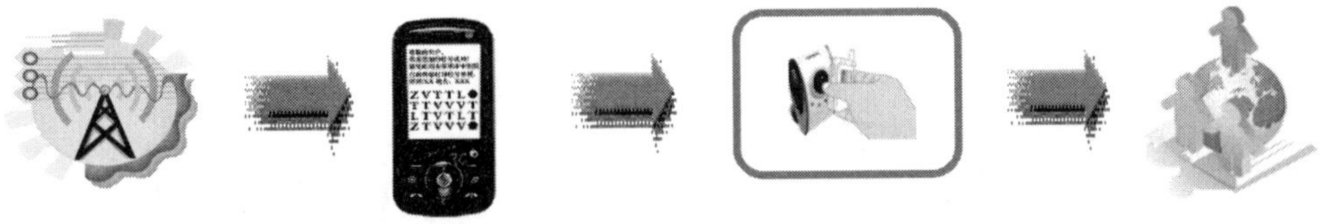

附图2.6 “市民健康卡”应用场景图

5. 移动视频探视

针对患者家属提出的探视需求，医药借助3G的移动视频设备把患者病房场景实况呈现给家属观看，并可满足家属与患者提供视频通话的需要，从而使一些原来传统方式无法实现的探视活动成为现实。目前，该项服务已在东莞东华医院、石龙人民医院开展试点，深受患者欢迎。

6. 移动健康监护

为需要远程健康监护的老年人提供具有移动传输功能的医疗传感设备，随时随地可把体温、心律、血压等生理参数传输至监控后台，由医院专人负责监护分析。

附图 2.7　移动健康监护应用场景图

通过“医讯通”、“药讯通”、“预约挂号服务”等业务的经济收益，广东移动预计将于三年内实现对投入成本的回收。关键是，本项目在大大减少政府和市民的经济负担的前提下，通过信息化手段，建立起一套“智慧、惠民、互通、高质和可负担”的智慧健康管理系统，构成“全渠道、全流程”的医疗信息化服务体系，真正在广东省实现“保健在家中，小病在社区，大病进医院，康复回社区”的居民就诊就医模式。

物流通业务

过去一些物流企业发展规模小、实力差、信息化程度低、信息化成本高等现状，导致了车辆及人员的管理过程中普遍存在如下问题：车辆调度难、服务质量难以提高、司机偷油或过桥过路费用过高难以控制、人货车的安全保障难度大、车辆空载率过高。“物流通”业务即是为降低中小物流企业能较低成本实现信息化而产生的。

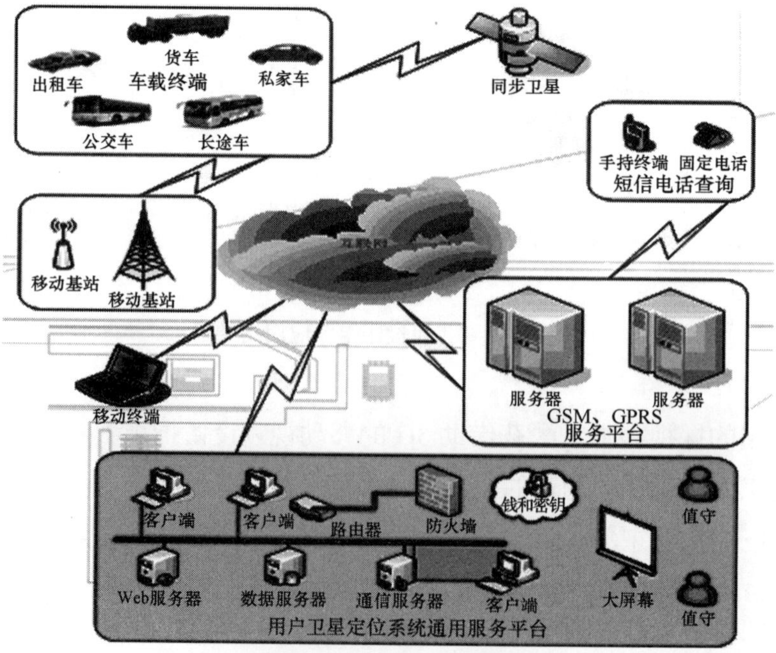

附图 2.8　物流通技术方案

物流通提供如下主要功能。

- 监控管理：可实现实时监控，并在地图上显示位置信息、运动状态、运行轨迹，同时还提供对监控车辆跟踪、信息查询、状态报警以及管理等一系列功能。
- 智能物流管理：包括仓储管理、运输管理、业务监控、快速报价、理赔处理、决策分析。
- 掌上商务平台：包括拖运货物信息、空车信息、仓储管理、入库管理、出库管理、存货统计。

物流通平台集成车辆监控、仓库管理、运输管理、业务监控、客户管理、合同管理、收付款管理等功能，有效提升物流企业的管理水平，并同时为零散货主、各级物流企业和物流园区提供了一个信息交互平台，有效降低车辆运营的空载率的问题，全面提升物流行业信息化水瓶。

农业大棚标准化生产监测系统

发展农业是我国的基本国策，而农业信息自动化是振兴农业的科学手段。农业信息化一定要与当地的实际情况相结合，从农业、农村、农民的实际需要需要出发，才能真正促进信息化的逐步深入。

为此，中国移动通过以GSM/GPRS/3G网络为平台，采用GPRS、SMS等方式，通过特种行业终端，为农业客户提供了一种集数据采集、传输、处理和业务管理为一体的“农业大棚标准化生产监测系统”，来服务三农，通过给农民朋友创造新价值，从而开拓一片蓝海，避免低层次竞争。

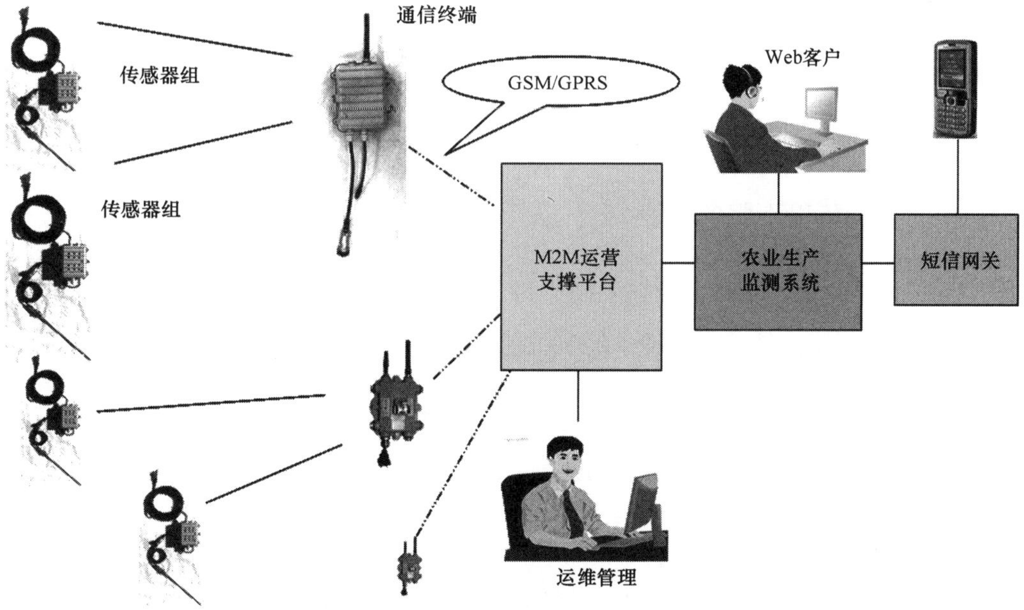

附图 2.9　农业大棚标准化生产监测系统组成图

将农业大棚生产过程中，植物生长最关键的温度、湿度、二氧化碳含量、土壤温度、土壤含水率等信息实时采集，通过移动通信公司M2M运营支撑平台和GPRS/3G网络传输，利用短信息、

WEB、WAP 等手段，让从事农业生产的客户实时掌握这些信息。当植物生长环境恶化的情况，及时通过短信通知客户，从而避免生产上的损失，大大提高了蔬菜种植和监测的有效性和灵活性。

农业大棚标准化生产监测系统主要包括管理子系统、业务处理子系统，实现了业务呈现、业务处理、业务过程追踪管理的闭环。目前，此套系统已在山东寿光进行规模化试点，试点用户已达 2000 户，试点用户反馈效果良好，已产生良好的经济价值。

广西“甜蜜通”

广西是全球最适宜种甘蔗的地区之一，蔗糖生产是广西大部分市、县的优势产业和支柱产业。长期以来，制糖企业和蔗农之间存在着信息不对称的问题，造成制糖企业压榨时“吃不饱且吃不鲜”与农民丰收之后“卖蔗难”的矛盾，以上矛盾一直困扰着政府、企业和农民。如何有效解决制糖企业与蔗农之间的信息传递问题，成为推动广西糖业更快发展，帮助蔗农脱贫致富的关键问题。为此，中国移动推出“甜蜜通”服务，在制糖企业部署移动代理服务器（MAS），通过二次开发接口与广西制糖企业内部生产办公系统（农务系统、财务系统、进销存系统）互联，实现制糖企业生产调度、信息发布等功能。

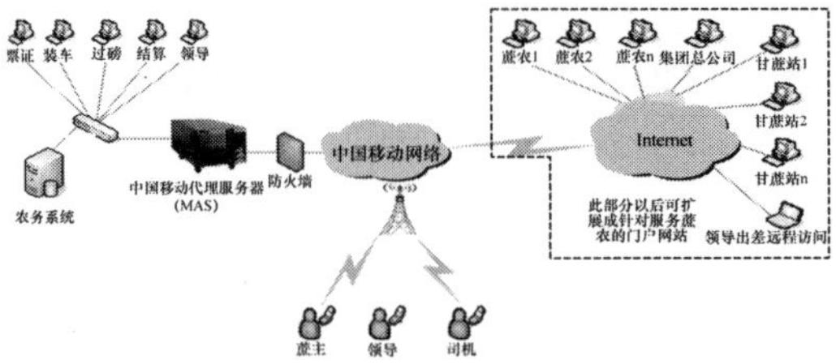

附图 2.10　甜蜜通技术方案

甜蜜通项目的主要包括以下服务功能。

（1）生产指导：在蔗糖生长期间，制糖企业通过甜蜜通系统将甘蔗种植技术、病虫灾害防治等信息以短信的方式发送至蔗农手中，不仅降低制糖企业投入成本，而且使用信息的传递更加便捷。

（2）砍伐管理：在每年榨季（也就是当年的 11 月到次年的 5 月），制糖企业可根据所辖蔗区的甘蔗产量，按制糖企业生产能力，通过“甜蜜通”平台的砍伐管理功能及时向蔗农发布砍伐通知（如砍蔗计划单和准砍证等），灵活安排蔗农的砍蔗时间，确保甘蔗在较高糖分时进厂生产。

（3）车辆调度：制糖企业根据砍蔗计划，通过“甜蜜通”平台进行车辆调度，将运蔗信息第一时间通知司机和蔗农，实现信息的双向有效沟通，保证了进厂甘蔗的新鲜度。

（4）过磅实时通知：制糖企业将甘蔗过磅后的信息（甘蔗种类、重量、收入）通过甜蜜通平台第一时间向蔗农发布。

（5）蔗款到账实时通知：汇总蔗款、运费、其他相关费用后，制糖企业将结算后蔗款拨付至蔗农的银行账户，并同时通过“甜蜜通”平台下发蔗款到账通知。

（6）自动数据分析：通过对制糖信息、员工信息、货物信息、库存信息、资金信息的及时掌握，企业领导及决策层可以对制糖企业的运营状况及时全面地掌握，为领导科学决策提供帮助，全面提升企业管理水平。

目前，“甜蜜通”业务已覆盖广西全区92%以上的大中型糖厂，在广西农垦糖业集团有限公司、广西永凯糖业有限公司、广西来宾东糖集团有限公司等制糖企业得到了广泛应用，直接使用甜蜜通蔗农达60万户，受益蔗农达到数百万户。

附录三　中国移动电子商务大事记

2007年6月

国家发改委与原国务院信息化工作办公室联合发布我国《电子商务发展“十一五”规划》，其中移动电子商务试点工程被列为六项重点引导工程之一。

2007年6月5日

原国务院信息化办公室推广应用组和中国移动联合成立国家移动电子商务联合工作组。

2007年12月28日

原国务院信息化办公室制订发布《国家移动电子商务试点示范工程》总体规划V9.0，确定转变经济发展方式、方便百姓生活和带动战略产业发展三大目标。

2008年1月31日

原国务院信息化办公室批复同意湖南省为国家移动电子商务试点示范省。

2008年3月14日

原国务院信息化办公室批复同意成立国家移动电子商务研发中心。

2008年3月10日

原国务院信息化办公室批复同意广州市为国家移动电子商务试点示范城市。

2008年4月23日

重庆市政府发布《重庆市移动电子商务发展规划》。

2008年7月

中国移动在湖南成立全网手机支付项目组，正式委托湖南移动承担全网手机支付平台的建设和运营工作。

2008年7月17日

广州移动联合广州地铁共同开发的“手机地铁票”正式启动，进入试用阶段。

2008年9月

广州市制订了《广州市创建国家移动电子商务试点示范城市行动方案（2008—2010）》。

2009 年 2 月

国家发展改革委办公厅发布《国家发展改革委办公厅关于组织开展信息化试点工作的通知》。

2009 年 3 月

中国移动全网手机支付平台顺利实现割接上线。

2009 年 4 月

重庆移动建成“中国移动手机支付全国密钥管理中心”，并开建“中国移动 SIM 卡多应用服务中心”。

2009 年 5 月

中国联通在上海推出移动支付业务。

中国电信正式推出天翼 3G“移动支付”业务。

2009 年 8 月

中国移动的应用商场上市。

2009 年 9 月

工业和信息化部信息化推进司组织工程参与单位在重庆举行《国家移动电子商务试点示范工程阶段性总结会》。

2009 年 9 月

手机钱包业务正式在湖南试商用。

2009 年 9 月 25 日

工业和信息化部信息化推进司指导重庆经信委在重庆举办了《全国 M2M 高峰论坛》。

2009 年 12 月 21 日

国内最大手机应用服务平台 3G 门户日前在京发布《2009 中国手机银行业务用户调研报告》。

2010 年 3 月 30 日

国家移动电子商务暨信息网络经济推进大会在长沙举行。

2010 年 5 月 30 日

由宁波三生公司、中国联通和三星公司共同开发的国内首个 3G 移动电子商务系统“财智宝”上线运营。

2010 年 8 月 27 日

工业和信息化部举办“2010 中国移动支付应用发展大会”，中国人民银行和三大电信运营商、中国银联等相关单位一起专门讨论移动支付的标准问题。这表明跨行业、跨部门合作推进移动支付产业的发展，移动支付业务的标准制定工作已经开始。

2010 年 9 月 26 日

国内最大农村移动电子商务平台“网上供销社”开发完成，由湖南省供销合作总社、中国移动通信集团湖南有限公司、农业银行湖南省分行在娄底签订战略合作协议，三方共同推进湖南农村移动电子商务工程建设。

2010 年 09 月 28 日

中国银联在四川成都宣布推出集合多类手机远程支付服务功能的“银联在线”移动电子商务门户，发布全国首款经过银联认证的商用“支付手机”。

2010 年 10 月 19 日

支付宝正式对外宣布启动移动互联网支付开发战略，与手机芯片商、制造商、应用开发者等 60 多家厂商联合成立了“安全支付产业联盟”，发布其无线支付产品“手机安全支付”。

2011 年 1 月 1 日

中国移动成立中移动电子商务有限公司，注册资金 5 亿，主要从事互联网支付、移动电话支付、预付卡发行与受理、银行卡收单等业务。

2011 年 3 月 18 日

中国电信成立天翼电子商务有限公司，业务范围涉及互联网、手机、固定电话、IPTV 等渠道的近场和远程方式的支付服务。

2011 年 4 月 18 日

中国联通成立沃易付网络技术有限公司，注册资金 2.5 亿，主要从事网络支付、移动支付、银行卡收单等业务。

2011 年 4 月 28 日

今年 4 月 28 日，中国银联首个“移动电子商务示范基地”落户于成都。

2011 年 5 月 18 日

在 2011 年的“2011 中国移动支付产业论坛”上，明确了近场支付采取银联的 13.56MHz 标准，而中国移动所倡导的 2.4GHz 方案不允许进入金融流通领域。

2011 年 5 月 18 日

央行发放首批第三方支付牌照，27 家获批名单，其中，中国银联、支付宝、财付通、易宝支付等企业成为首批获牌企业。发证日期均为 2011 年 5 月 18 日，有效期至 2016 年 5 月 2 日。

2010 年 6 月

央行正式对外公布《非金融机构支付服务管理办法》（以下简称《办法》）对国内第三方支付行业实施正式的监管。根据该《办法》，非金融机构提供支付服务需要按规定取得“支付业务许可证”，俗称“第三方支付牌照”。而 2011 年 9 月 1 日成为第三方支付机构获得许可证的最后期限，逾期未取得的企业将不得继续从事支付业务。

2011 年 08 月 31 日

央行公布第二批第三方支付牌照名单，上海银联、联动优势等 13 家企业分获不同种类的业务许可牌照。

2011 年 10 月 19 日

商务部发布《商务部“十二五”电子商务发展指导意见》。

2011 年 12 月 1 日

工业和信息化部发布《电子商务“十二五”发展规划》，指出“十二五”期间，电子商务将被列入战略性新兴产业的重要组成部分，并作为新一代信息技术的分支成为下一阶段信息化建设的重心。

2011 年 12 月 5 日

工业和信息化部信息安全协调司组织的电子签名与认证服务专家组在京成立，由 17 名来自电子签名与认证政策、法规、技术等领域专家组成。